THE GROWTH HANDBOOK
How to Accelerate Your Career

揭秘高科技人才成长模式

陈新茜 ◎著

机械工业出版社
China Machine Press

图书在版编目（CIP）数据

成长力：揭秘高科技人才成长模式 / 陈新茜著 . -- 北京：机械工业出版社，2022.4
ISBN 978-7-111-70560-4

I . ①成⋯ II . ①陈⋯ III . ① IT 产业 - 人才成长 - 培养模式 - 研究 - 美国 IV . ① F497.12

中国版本图书馆 CIP 数据核字（2022）第 062352 号

成长力：揭秘高科技人才成长模式

出版发行：	机械工业出版社（北京市西城区百万庄大街 22 号　邮政编码：100037）
责任编辑：	姚　蕾
责任校对：	殷　虹
印　　刷：	北京诚信伟业印刷有限公司
版　　次：	2022 年 5 月第 1 版第 1 次印刷
开　　本：	147mm×210mm　1/32
印　　张：	5.75
书　　号：	ISBN 978-7-111-70560-4
定　　价：	59.00 元

客服电话：（010）88361066　88379833　68326294　　投稿热线：（010）88379604
华章网站：www.hzbook.com　　　　　　　　　　　　读者信箱：hzjsj@hzbook.com

版权所有・侵权必究
封底无防伪标均为盗版

· 目录 ·

推荐序一
推荐序二
推荐序三
推荐序四
推荐序五
前言
致谢

CHAPTER 1 第 1 章
认识公司
选择成长期业务 1

1.1 成长期公司可以加速个人发展 / 1
1.1.1 什么是成长期公司 / 2
1.1.2 为什么选择不同的公司或业务，差距会很大 / 4

1.2 如何找到成长期公司 / 10
1.2.1 什么是公司的关键信息 / 11
1.2.2 没有交叉验证的信息都是噪声 / 14

1.2.3　如何收集关键信息　/ 16

1.3　在公司内部找到创新机会　/ 19

1.3.1　产品创新与流程创新　/ 19

1.3.2　公司的不同发展阶段适合不同的创新类型　/ 21

1.3.3　灵魂三问：问题？解决方案？为什么是现在？　/ 23

1.4　同样的项目，为什么有的人推进更有效　/ 26

1.4.1　了解组织的目标　/ 27

1.4.2　了解组织架构的差异　/ 29

1.4.3　参与公司的决策过程　/ 31

1.4.4　调研公司创新项目的推进规律　/ 32

1.5　本章行动清单　/ 33

第 2 章　定位个人
探索独特的发展路径　34

2.1　科技人才职场进阶面临的新挑战　/ 37

2.1.1　挑战一："头衔膨胀"现象考验得失心　/ 37

2.1.2　挑战二：纯管理岗位数量下降，更需要既精通业务又懂管理的复合人才　/ 38

2.2　每个人都有不同的优势　/ 40

2.3 跳出内卷，发现人生的动力 / 44

 2.3.1 跳出竞争循环的第一步：认识到世界是多元的 / 46

 2.3.2 跳出竞争循环的第二步：选择适合自己的新兴赛道 / 47

 2.3.3 跳出竞争循环的第三步：找到自己的动力来源 / 48

2.4 如何找到适合自己的独特路径 / 50

2.5 科技公司升职机制的谎言与真相 / 54

 2.5.1 谎言一：每个人都有升职机会 / 55

 2.5.2 谎言二：级别是硬通货 / 56

 2.5.3 真相一：稀缺的晋升名额和大笔晋升奖励会使公司发展更好 / 56

 2.5.4 真相二：升职标准是经常改变的 / 58

 2.5.5 真相三：升职标准也有一些不变的规则 / 60

2.6 人生的无限游戏 / 61

2.7 本章行动清单 / 62

第 3 章 带领团队 影响更多人 64

3.1 科技公司团队的趋势 / 67

3.1.1 团队更加扁平 / 67

3.1.2 组织架构调整更加频繁 / 73

3.2 组建团队的基石：愿景 / 74

3.2.1 为什么要重视愿景 / 75

3.2.2 如何寻找愿景 / 76

3.2.3 如何立项 / 77

3.3 如何得到创建新团队的机会 / 79

3.3.1 结构洞理论：成为信息交换中心 / 79

3.3.2 从 0 到 1 发起新项目 / 82

3.3.3 选择 1+1>2 的核心团队成员 / 83

3.3.4 争取相关团队支持 / 84

3.4 如何带领团队取得成功 / 86

3.4.1 如何激励人 / 86

3.4.2 如何解决项目中的冲突 / 88

3.4.3 如何给团队成员反馈 / 90

3.5 组织架构调整：是挑战更是机遇 / 93

3.5.1 公司在什么情况下会进行组织架构调整 / 94

3.5.2 如何在组织架构调整中降低自己的损失 / 96

3.5.3 如何在组织架构调整中找到新的机遇 / 97

3.6 本章行动清单 / 101

赋能行业
创造长期价值 102

4.1 科技行业的职业发展规律 / 106

  4.1.1 公司发展阶段不同，管理层需要的素质也不同 / 107

  4.1.2 职业发展不是爬梯子 / 110

  4.1.3 抓住从 0 到 1 的重要机会，你的职业生涯会有跳跃式进展 / 111

4.2 找到你的长期职业目标 / 112

4.3 了解时间对行业的影响 / 116

  4.3.1 判断行业的发展阶段 / 117

  4.3.2 抓住合适的时机 / 118

4.4 建立有效的人际网络 / 120

  4.4.1 和靠谱的人合作 / 121

  4.4.2 找到自己的影响力方法 / 122

4.5 职业上的战略性决策 / 125

  4.5.1 勇于尝试新的机会 / 125

  4.5.2 盘点自己的资本 / 126

4.5.3 制订允许冗余的计划：避免单点失败 / 127

4.6 制订你的计划 / 129

4.6.1 案例1：工程师转型工程经理 / 129

4.6.2 案例2：产品经理转型风险投资合伙人 / 131

4.7 本章行动清单 / 132

第 5 章 面向未来
迎接新时代的不确定性 134

5.1 未来工作面临的新挑战 / 136

5.1.1 新型职位不断出现 / 136

5.1.2 新闻影响工作选择 / 137

5.1.3 远程工作成为新常态 / 138

5.2 面对不确定性的方法论 / 139

5.2.1 找到确定的东西 / 139

5.2.2 找到适合自己的环境和文化 / 141

5.2.3 不断创新，及时止损 / 141

5.2.4 斜杠青年：天使投资是一种生活方式 / 142

5.3 创造长期价值，建立个人品牌 / 143

    5.3.1 定义你的人生使命 / 143

    5.3.2 如何推广自己的个人品牌 / 145

    5.3.3 成功个人品牌的案例 / 146

5.4 本章行动清单 / 147

附录　专家推荐语　148

参考文献　154

·推荐序一·

我在英特尔公司工作了近二十年，目睹了芯片和相关行业的变迁和发展。来到硅谷工作之后，更是近距离观察和接触了很多优秀的公司和个人。我有幸在清华北加州校友会和清华企业家协会组织的领航计划中认识新茜，她在职业发展方面超出年龄层的阅历和理解给我留下了深刻印象。后来有机会和新茜合作给年轻人做软技能培训，她对公司和职场的独特视角让我也受益匪浅。

环抱斯坦福大学和加州大学伯克利分校，作为众多财富500强全球总部所在地和创业公司的发源地，硅谷不断地吸引着全世界优秀的年轻人顶着高成本的生活压力来追求自己的梦想和未来。我曾在得克萨斯州奥斯汀工作和生活，周围人谈论最多的话题是美式橄榄球和孩子的各种运动项目；搬来湾区之后，周围人谈论的话题大多集中在独角兽、IPO，以及谷歌、脸书等大厂的职场发展。硅谷作为全球科技造富中心，创业成功的案例层出不穷，找到下一个独角兽，加入未来的谷歌和 Airbnb 是很多硅谷人的梦想和目标。

无论是在成熟大厂还是初创公司，职场进阶都是硅谷年轻人日常交谈中必不可少的热门话题：如何判断一个初创公司是否有潜质，如何争取到下一个明星项目，如何在管理层面前增加曝光率，如何跟主管谈升职和加薪，如何管理团队中的"刺头"，如何跟相关部门处理好关系，如何选择下一个就职公司和部门，等等。

在过去的几年中，我有机会跟上百个有职业梦想的年轻人交流并且传授个人经验。我发现尽管很多职场智慧被口口相传，可是缺乏系统和主线，职场人常常在"盲人摸象"而不自知，"管中窥豹"又苦于没人指导。通过领航计划内外的各种活动和交流，我越来越强烈地认为硅谷甚至整个高科技行业需要一本职场手册，给处在职业生涯各种阶段的职场人提供一份全面的综述，把知识盲点全部覆盖，帮助每个人审视自己所在的公司和岗位，检查自己的职业曲线，找到自己发展的方向和目标。

新茜写的这本书言简意赅，几乎涵盖了职场发展需要考虑的所有方面；而且通俗易读，没有复杂的理论模型，只提供满满的干货和指导。我相信硅谷的职场人和对硅谷模式有好奇心的读者都会通过阅读这本书获得很大收获，找到自己的职业发展方向。

冯大为

英特尔公司大客户销售部总经理

·推荐序二·

在外人看来，我的硅谷职场生涯顺利，事业成功：既有成功创业的经历，又有在财富500强科技大厂做高管管理庞大团队的经历；既有在全球顶尖风投机构投资的历练，也有自己的初创公司（TrustPath）被明星上市公司（Zscaler）并购的历程。当我反思职场前十年的那一段路，说实话，庆幸自己走对了很多路，但是很多走对的路有一定偶然性，并没有方法论支持。无论是职场还是创业，一路走来，不断面临各种选择。读完本书初稿，不禁感叹，如果能回到过去，我一定要给年轻的自己推荐这本书。

新茜曾经在硅谷独角兽公司Uber工作，她将自己工作的第一手经验提炼出来，并且综合了其他硅谷从业者的经验，总结出本书阐述的方法论。这套方法论从公司、个人、团队、行业、未来五个维度解析职业生涯中的各种选择，既适合职场也适合创业，可谓面面俱到。

新茜开门见山在第1章就讲到"成长期公司可以加速个人发展"，我来举两个身边的例子。

第一个例子是我十几年前在 VMware 工作时一个团队成员的经历。他的发展轨迹印证了新茜这本书中"找到成长期公司,和公司一起成长"的方法论。他加入 VMware 时,公司处在高速发展期,同时他的个人发展也特别快。当公司发展相对放缓时,他离开了 VMware,加入了一家创业公司。两年后,这家公司被 VMware 收购,成为 VMware 的一个新的业务增长点。然后,他抓住了新的创新机遇,促进该业务快速增长,同时他在职场又飞速提升,一直升到 VMware 的技术最高级别。

第二个例子是我目前在 Zscaler 的同事的经历。他们在比较职场机会时,相较于工资,更看重公司的成长性和给个人提供的成长机会。最近几年加入我团队的工程师,有些人曾放弃加入谷歌、脸书等大厂并获得高薪的机会,因为他们认为在这里能够收获更多锻炼领导力的机会,可以独当一面和公司不同部门合作。得益于公司的高速发展,他们在职位发展、能力提高和财务回报上都收获满满。

看完第 1 章,接下来的章节也是干货连连。新茜分享的整套方法论是每一个对职业发展有期待、有追求的人的成功秘籍。

徐铧

斯坦福商学院客座讲师

Zscaler 副总裁,TrustPath 创始人

· 推荐序三 ·

新茜和我相识于 Uber，在 Uber 工作过的小伙伴们都知道，新茜是一颗耀眼的 Super Star。从走出校园加入公司，3 年半连升三级，部门业绩考核第一名，领导了 Uber 拼车业务多个产品的开发，并且给公司省下千万级美元的成本。现在她又加入了另一家独角兽公司，任何一个能够吸引她加盟的公司都是幸运的。

我和她亦师亦友的关系从 2016 年就开始了，新茜非常有灵气，和我很投缘，我给她提建议，她一点就通，就好比洪七公教黄蓉武功一样，教一遍就行。有人问我，为什么新茜会成功？以我个人的体会，我觉得主要有以下几点：

- 对国内外市场、用户、产品以及数据有灵敏嗅觉，能够先于其他人确认用户的最大痛点，设计出富有创造力的产品方案，然后带领工程团队完成开发并且推向市场。
- 熟悉高科技公司的组织架构、做事习惯以及关键人物的行为特点，能够在对的时间，找到对的人，做对的事。
- 卓越的领导和组织能力，尤其是在一个国际多元化的团队中。

我很高兴新茜把她成长过程中的经验和体会总结下来并且出书，分享给其他跟她情况类似以及和她有相同梦想的读者。我觉得她的这本书特别适合以下几类读者：

- 刚走出校园的毕业生，他们想要在成长期公司顺利晋级成为高级工程师。
- 在职场的中级阶段想要有所突破的人，他们想要学习如何立项，得到上级支持，并且领导一个产品和工程团队把项目成功推向市场。
- 想要了解硅谷职场不为外人所知的秘密的人，帮助他们避免职场陷阱。
- 对创业有兴趣的人，他们想要学习如何培养对市场、产品、用户痛点的灵敏嗅觉，想要能够先于其他人找到正确创业和产品的方向。

领导力是一门博大精深的学问，我相信新茜在以后的道路上还会有新的领悟和体会分享给大家。希望这本书能够帮助各位在硅谷拼搏的同学们，并且期待这本书的续篇。

Kate Zhang

Stripe 金融大数据部门负责人

Uber 前高级工程经理

· 推荐序四 ·

硅谷公司的兴衰史早已不是新闻，但有谁知晓真正身在其中乘风破浪的人的亲身体会？新生代的学生或许在某些时间和场合对未来充满好奇，正在职场拼杀打磨的圈内人士或许对现实处境满怀疑问和不解，早已经济独立以修身养性为主业的过来人或许对自己过往的经历和情怀寻找着某种共鸣。新茜的书可能不会满足所有人的全部需要，但它以真诚朴实的语言和有说服力的数据，从公司选择到个人努力，从团队建设和职业设计到适应未来的不确定性，有理有据，娓娓道来。

从公司选择的角度，新茜的经历便是最好的例子。她在康奈尔大学念书时和 Uber 当时的 Advanced Technology Group（ATG）无人车驾驶部门合作了项目。毕业后选择加入当时急速增长的 Uber，与公司一起成长，在几年时间里连升 3 级。后来，她离开 Uber 转去另一家成长期公司，又一次踏上了另一段激动人心的旅程。尽管新茜毕业后在业界的时间有限，但从新茜选公司的经历不难看出，对在什么时间选择什么类型的公司，以及这些决定如何满足个人发展在特定时间空间局限下的需求,她都有着独特的见地。

如果说公司的选择从某种角度说有运气成分,那么大部分成功故事的背后都会有强大的个人努力成分。新茜在这方面是一个成功范例:尽管升职不是职场的全部,但从某种程度上说,一个人晋升与否和晋升速度快慢也很有说服力地体现了此人是否努力,更重要的是这些努力的效率。作为新茜的经理,我见证了新茜几年内在 Uber 三次升职。我也很庆幸新茜把自己的努力和亲身体会写出来,让更多的人受益。

个人发展的瓶颈在于这个人对团队和职业的设计。新茜在书中讨论了一些职场守则,从个人发展、团队建设到潜在转行的机会。她自己在这方面思考比较多。特别让我印象深刻的是我们关于从个人工程师到工程经理甚至产品经理转行的讨论。我相信这些讨论会帮助更多科技界人士对自己的职业发展做出更有针对性的部署和规划。

硅谷成长模式唯一确定的就是未来的不确定性。我很欣慰地看到新茜在书的末篇涵盖了这部分内容。从走上硅谷或者其他职场道路的那一天起,一个人对不确定性的适应性很大程度上决定了这个人在职场成功的概率。如果把每个人都比作一个深度学习的算法,不确定因素对个人规划的影响就是这个算法里面的成本函数。对这个成本的认可、反应和后续采取的调整是否及时到位,都会直接影响一个人、一个团队未来的走向。就好像新茜离开了Uber，毅然面对一个新的挑战，并不断做出人生轨迹的调整就充分说明了这一点。我由衷地希望看到她继续成功，也希望读者从新茜的故事和她对职场的理解中有所收获，离自己的理想更近一步。

郭丹华（Danny Guo）
Uber高级工程总监

· 推荐序五 ·

身在硅谷，经常被提起的话题就是如何选择offer、怎样才能升职以及如何突破玻璃天花板，这种问题时时引发大家激烈的讨论和深入的思考。看看我们身边，有的人快速升职，有的人则停滞不前。慢慢地，人与人之间职业发展的差距越来越大，曾经的同学有的已经做到了Director，有的还一直停留在中级工程师，还有的已经开始创业。大家心知肚明的是，职场进阶以及事业上的成功其实一直都是一个迷思。市场上有很多书，我也看过很多——技术书、管理学著作、领导力教程，其中不乏畅销书。但是大多数书要么太"鸡汤"，要么太脱离现实，真正能把职场成长进阶讲清楚并且有真实案例的书还很少，更不用说作者因为个人经历而有着开阔的眼界和一手经验。所以，我很幸运能够认识新茜，参加她组织的课程，参与本书的审阅，在周六的晚上和硅谷各大科技金融公司的员工讨论本书的内容、案例和实践。

我自己在亚马逊总部工作了3年，换过好几个老板，后来又在苹果总部工作了一年多，目前在旧金山一家新晋独角兽SaaS公司工作。所以，我对职场有自己的认识。而新茜的课程和书是在我逐渐领会到职场成长要诀的时候,又在前面拽了我一把,让我有种豁然开朗的感觉。就像很多时候,你觉得自己好像慢慢明白一个道理了,但是当"智者"一说,你又会大叹一声:"对,就是这样。"当你知道了这个框架和思考方法后,再遇到事情时思维就会变得更加清晰,也会减少很多不必要的焦虑。

我觉得初入职场的人能看到这本书可以说是非常幸运的,里面有太多你可以学习的干货,如果不能完全理解也没关系,随着经历慢慢丰富,再拿出来看一看自然另有领悟;对于工作了几年的人,这本书能引发对过去经历的反思和对未来方向的思考,想必你一定有更好的能力和判断力去充分吸收和利用这本书的养料;对于在硅谷工作的华人,这本书可以说是为你而写的,书中的方法论和思考模式将帮助你更好地选择职业发展路径,提升自身领导力;而对于在国内工作的人,了解硅谷高科技公司的做事方法,品味书中的案例,都是大有裨益的。

在这个普遍焦虑的时代,大家都在寻找"捷径"。有太多的内卷,太多的短视,太多的"战术上的勤奋,战略上的懒惰"。那么捷径真的存在吗?在我看来,向优秀的人学习,与奋斗者同行,也许就是这个世界唯一的捷径。

卢佳斌

Amplitude 公司工程师,曾任 Apple 公司工程师

· 前言 ·

为什么要写这本书

  我在硅谷工作几年后有幸经历了 Uber 公司从独角兽到上市的过程。在公司的业务发展中，我个人也能够从 0 到 1 发起多个项目，用数据和算法为公司创造更多价值，得到了快速成长。在和大家的交流中，我发现很多人也面临我曾经历的选择，我希望能够分享我在科技公司职业发展道路上的经验，帮助大家选择正确的赛道，更好地成长。

  很多人第一眼看到我的简历，对我的印象是名校学霸，自然会提出疑问：你的经验对于大家都适用吗？我认为学历在一定程度上是敲门砖，但是对我个人来说，对我成长帮助最大的是创新能力和独立思考能力，我认为这两项能力是每个人都可以培养和学习的。

  回顾我的成长经历，我发现自己非常喜欢创新型环境。我在高中和大学时期拿到了好几所学校的录取通知书，我没有选择其中最稳妥、老牌的学校，而是选择了正在进行教育创新的学校。例如，康奈尔大学当时在纽约市建立科技校区，我所在的计算机硕士项目只有几十人，连正式教室还没建好，需要借谷歌公司纽约办公室授课。这样的环境也意味着一定的"无序"，很多课程大纲还在摸索中。而我恰好喜欢这样宽松的环境，同学之间能够组队完成一些创业项目，能够更好地激发灵感。

硅谷作为科技中心，创新氛围非常浓厚。随着工作经验的增加，我对创新的理解不断加深。创新不是简单地提出新方案，创新意味着深刻理解问题、提出新的方案、找到对应的资源、组建团队将项目落地并商业化。创新也有风险，需要多次实验，遇到失败很正常，你需要做的是回头验证核心假设。我印象深刻的是，有一次项目的第一次结果失败了，团队成员都非常沮丧，我分析数据后发现核心假设没有问题，是实验对象范围有问题，在快速迭代后第二次结果取得了成功。

我之所以写这本书，最大的原因是希望帮助更多的人选择创新型环境，例如成长期的公司和业务，解决大家在创新过程中遇到的团队和行业等挑战，让更多的好想法落地。

写这本书的第二个原因是希望利用自己跨领域的知识帮助大家看到问题的不同侧面。我在大学本科获得了计算机和工商管理的双学位，曾在风险投资领域实习，后来又在不同文化背景下学习和工作，这些经历让我学会从多个角度看待和处理问题，我也希望能通过我的经验给大家提供一些新的思路。

写这本书的第三个原因是希望借这个机会系统复盘一下自己的工作，帮助自己成长。同时，我也希望和大家交流自己的思考，与大家一起成长。

为什么选择写书这种形式

现在有很多新的内容媒体形式，例如短视频、播客、公众号文章等。我为什么选择写书这种形式？一方面，我认为用文字能够更好地梳理逻辑、复盘经验。视频类表达形式虽然容易传播，但是内容上容易深度不够，逻辑上容易严谨不足。另一方面，我发现写书能够让满足感延迟，更好地创作。写公众号文章，你能在发布后就看到阅读量，容易让创作者在下一次创作时关注"起什么标题容易吸引眼球"，而更难输出系统性的思考。

这本书是如何写成的

2019年，我开始写一些原创的公众号文章，发现很多人对于在科技公司成长这类话题非常感兴趣。后来,我在公众号的读者群体中开设了一次领导力课程,分成四节课,从个人成长、团队建设、公司、行业四个维度分享了自己的心得。在和读者的交流中,我也更多地了解了不同公司的风格和组织架构。本书的内容就是在这次课程的基础上,再加上我个人的理解以及和大家交流后的心得创作出来的。

本书的内容

本书的内容主要包括五个部分——认识公司、定位个人、带领团队、赋能行业、面向未来,会从这五个不同的层面讲解个人成长规划的方法。

- **第 1 章　认识公司:选择成长期业务**　本章主要讲如何发现成长期的公司和业务。了解公司是本书的基础,只有理解公司的目标,提高预测公司未来发展方向的能力,才能更好地计划个人的职业发展道路。
- **第 2 章　定位个人:探索独特的发展路径**　本章主要讲如何理解自己的优势和定位,找到适合自己的发展路径。本章也会探讨内卷、升职等话题。
- **第 3 章　带领团队:影响更多人**　本章主要讲如何组

建团队、应对组织架构调整等。

- **第 4 章 赋能行业：创造长期价值** 大部分人不会一辈子只待在一家公司，因而需要从更高的行业角度对自己的职业生涯进行规划。本章主要讲如何创造自己在行业中的独特价值，如何转岗、跳槽等。
- **第 5 章 面向未来：迎接新时代的不确定性** 本章主要讲如何应对新的工作形式和挑战，在不确定性中保持勇气，找到自己的方向。

陈新茜

· 致谢 ·

首先,我要感谢两位给我提供了很多写书建议的朋友:谷歌公司的产品经理陈伊昕、Nutanix公司的资深产品市场经理吴孔辉。他们都曾经出版过图书,对本书的编写大纲、写作节奏和内容规划提供了宝贵的建议。

感谢两位在我的领导力课程上义务担任助教的朋友:谷歌公司的刘艺垚和Deepmap公司的黄恒晔。他们收集了宝贵的案例,这些案例激发了大家的讨论,也为本书的创作提供了灵感。

感谢参加我的领导力课程——它是本书的基础——的朋友们:刘吉松、赵贺、赵文豪、吴成思、杨骥琦等。感谢他们的信任,他们付出了宝贵的时间参与课程。我和他们一起讨论,提炼发展了很多我在本书中提到的观点。

感谢本书的几篇推荐序的作者。我非常荣幸地邀请到他们为我写推荐序。冯大为是硅谷非常资深且华人中少见的销售高管,徐皞多次创业成功并加入Zscaler担任副总裁,他们的人生经历激励了很多在硅谷工作的同学,更难得的是他们非常乐于分享,愿意帮助更多的人。Kate Zhang是我在

Uber 的 mentor（老师），她一直是我的榜样，在我遇到难题时提供了很多犀利的分析和建议。Danny Guo 是我在 Uber 的 leader，他给我提出了很多宝贵的建议，他坦诚的沟通风格和出色的判断力都非常值得我学习。卢佳斌是一位优秀的工程师，他在硅谷的知名公司工作，对本书提供了很多有用的建议。

感谢清华北加州校友会和清华企业家协会组织的领航计划，我在这个计划中认识了很多来自不同公司的朋友，了解到不同公司的文化差异，让我在创作本书时能够写出更通用的内容。

感谢公众号"硅谷成长攻略"的读者，这个公众号从创建之初到目前已有几千个订阅者，读者们的阅读和反馈给了我创作的动力，我从这些读者中也找到了本书的第一批"种子用户"，也就是上面提到的课程的参与者。另外，感谢公众号的另一位作者徐晟洋。

我还要特别感谢本书的编辑姚蕾，感谢她的信任和支持，她对于本书从立项到审稿等各个环节都贡献了非常大的力量。同时，我也非常感谢为本书创作了很多精美插图的朋友吴川燕，她画的图让这本书更加生动。

最后，感谢父母一路的支持，他们为我提供了非常好的教育环境，也培养了我独立思考的能力。

陈新茜

第 1 章

认识公司

选择成长期业务

第 1 章

1.1　成长期公司可以加速个人发展

大部分硅谷的工程师做到高级或资深工程师，职业生涯就到了平台期，很难再往上突破。

但是有这样一批人，他们在职业早期选择加入成长期的公司，不仅职业生涯进入快车道，也早早实现了财富自由。

比如我合作过的 Uber 拼车产品经理，他 2012 年刚从斯坦福大学毕业就进入 Uber，后来负责 Uber 整体的拼车业务。五年后，他刚 26 岁就入选美国版福布斯 30 岁以下精英榜，提早实现了财务自由。

很多刚毕业的人选择公司的标准是哪家公司给的级别和薪资更高。然而，五年后回看这些人的个人成长速度，却发现跟入职时的级别和薪资关系不大。

成长较快的人都有一个共性，他们往往选择了高速发展的公司，或者选择了增长快的业务，得到了从 0 到 1 做业务的锻炼机会（见图 1-1）。最终，他们在更短的时间内取得了更高的成就。

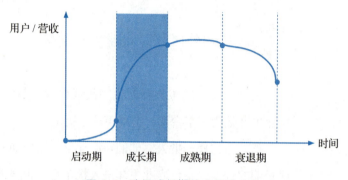

图 1-1　选择成长期的公司或业务

了解公司的特点是本书的基础，只有更好地了解公司，才能够有针对性地找到适合自己的成长路径，完成后面几章提到的对个人、行业和未来的规划。本章主要介绍什么是成长期公司，如何找到成长期公司，如何找到内部的创新机会并落地。

1.1.1　什么是成长期公司

谈到成长期公司，大家常常会有个误区——用公司的创立时间和融资规模来定义。比如创业公司就是成长期公司，上市公司就不是成长期公司。

但是，创业公司也有非成长期的。比如 2018 年创建的短视频公司 Quibi，出道即巅峰，在产品上线前就获得了 17.5 亿美元融资，管理团队非常豪华，有梦工厂联合创始人杰弗里·卡森伯格、eBay 和惠普公司的前 CEO 梅格·惠特曼等。但是，Quibi 的产品上线后用户少，六个月后就宣布关停服务，最终公司被以不到 1 亿美元的价格低价卖出。

上市公司也有成长期的业务。虽然亚马逊公司在 1994 年创立，但是云服务 Amazon Web Services（AWS）在 2006 年才正式启动。对于 AWS 云业务来说，2016 年的年营收超过 1000 亿美元，2016 年第一季度增长率高达 57%。从 2006 年至 2016 年，AWS 云业务显然是快速增长的。

那么，究竟如何定义成长期公司呢？

所谓成长期公司，是指找到了产品 – 市场匹配（Product Market Fit）的公司，并有持续增长的巨大潜力。

产品 – 市场匹配这个概念是由风险投资家马克·安德森提出的。它指的是一个产品在一个有潜力的市场，并且满足了这个市场的需求[1]。上面提到的 Quibi 公司虽然是创业公司，但是用户不喜欢它的产品，这就是没有找到产品 – 市场匹配。

有了产品 – 市场匹配之后，这家公司还要有持续增长的潜力。比如 2011 年的微信，尽管产品才刚刚发布，但是用户增长潜力巨大。而到 2020 年，根据腾讯财报，微信的月活跃用户数已经超过 12 亿，虽然有很强的产品 - 市场匹配度，但是增长速度已经放缓，更偏向成熟期业务。

本书讨论成长期公司，主要是帮大家找到更能帮助个人成长的机会。因此，本书讨论的成长期公司不仅仅局限于整体都在快速增长的公司，也包括有成长期业务的成熟期公司。

1.1.2　为什么选择不同的公司或业务，差距会很大

有的公司，比如早期的脸书公司，25 岁的员工就可以当经理。而有的公司，比如成熟期的谷歌公司，对于转经理岗设置级别限制，甚至很多人只能一直卡在资深员工的级别上。

成长期公司和成熟期公司有本质差别，一部分人加入了成熟期公司成为一颗螺丝钉，发展空间有限，而另一部分人抓住了成长期公司的红利，从 0 到 1 地锻炼了自己，也就能取得更大的成就。

选择不同的公司或业务，差距会很大，这有以下原因。

原因一：成长期公司和成熟期公司有本质差别。

一些成熟期公司的组为了招聘人才，经常会打出口号说，自己的组是大公司里的"创业部门"，能够给新人锻炼的机会。但是，大公司经常会砍掉新项目，在业务不景气时对新业务裁员也是常见操作。为什么会出现这样的情况？

成熟期公司和成长期公司最大的区别是目标不一样。

第 1 章　认识公司：选择成长期业务

成熟期公司的业绩指标往往是将已有业务的业绩渐进式提高，每年增长率低于 50%。比如图 1-2 所示的谷歌公司年营收增长率，从 2016 年到 2019 年，每年增长率只有 20% 左右。这个 20% 的增长指标往往由几千几万名员工共同完成，分到每个人身上的业务增长指标十分有限。当然，50% 的门槛针对不同的细分行业也会有所不同，需要具体行业具体分析，例如 To-B 领域的一些公司的增长预期会比 To-C 公司低一点，每年 20% 的增长率也算成长期。

图 1-2　谷歌公司年营收增长率

（数据源：谷歌财报，Alphabet 财报，Statista[2]）

成长期公司的业绩指标则是让公司业绩呈现爆发式增长，通过创新满足新的需求，将业绩提高数倍。比如图 1-3 所示的领英公司早期用户增长曲线，2004 年上半年，领英的用户增长了 10 倍以上。在这段时间里,公司每个员工有更大的自主权,能够快速开发和测试各种新的想法,让公司业务实现指数式增长。

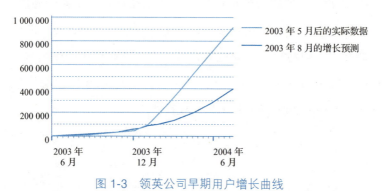

图 1-3 领英公司早期用户增长曲线

(数据源:领英 B 轮融资报告[3])

为什么成长期公司和成熟期公司的目标有这么大的差距?成熟期的公司会依赖已有的用户和资源,船大难掉头。哈佛商学院的克莱顿·克里斯坦森教授在《创新者的窘境》一书[4]中提到,成熟期公司最精英的团队非常擅长处理核心业务,而对于新业务和市场没有方向。

很多成熟公司在孵化新业务时,一开始大家都寄予厚望,投入大量资源,可是到后面经常会出现项目关停、裁员的情况。例如谷歌公司在 2019 年宣布开发新游戏产品 Stadia,表示"这就是游戏的未来",并宣布建立 Stadia 游戏和娱乐部。该项目在初期得到谷歌公司大量资金投入,例如收购了游戏

第 1 章　认识公司：选择成长期业务

工作室，吸收了行业的优秀人才。但是，新业务和新团队带来了新的矛盾，游戏开发者认为谷歌公司原有的绩效考核体系不适合于游戏行业，无法考核创造力。项目发展缓慢，活跃用户数少。最终项目关停，谷歌公司短期内不再独立开发游戏。

当然，少数成熟期的公司确实也有内部创新，有新业务成功实现快速增长。但是这种成功的比例非常低。能够成功孵化的新业务往往也需要满足这样两个条件：

（1）该新业务的创始人对公司的成功有杰出贡献，在公司内有口碑，失败了也不要紧。例如 Gmail 的创始人 Paul Buchheit，他在 1999 年就加入谷歌公司，是公司的第 23 号员工，在公司内具有很高的声望，他主导的新业务能够获得更多的支持。

（2）该创始人和团队对于资源有独立的控制权，调用资源时不需要其他部门层层审批。Gmail 的创始人 Paul Buchheit 提到，2001 年他能够独立开始做 Gmail，和一次谷歌公司组织架构调整相关，那次组织架构调整撤掉了所有的经理，给工程师更多选择项目的自主权。

即使如此，Paul Buchheit 也谈到，在做 Gmail 的过程中遇到的最大挑战就是，别的同事总是问"谷歌公司的搜索已经做得很好了，为什么还要做邮箱？"。类似地，在成熟期的公司开展新业务，已有的成熟期业务员工会不断问为什么要做这个新业务。只要新业务的营收远低于成熟期业务,就很容易被砍掉。

原因二:从 0 到 1 地实践,是成长的最快方法。

"知道"和"做到"之间差了十万八千里。很多人加入大公司的原因是想学习大公司的最佳方案,以后到小公司能够快速应用。

然而,这里有个误区。如果只学习了成熟期大公司的最佳模式(Best Practice),没有亲身从 0 到 1 地经历这个最佳方案的演变,那么,到了小公司还是会水土不服。

首先,最佳方案就是个伪命题。事物是变化发展的,不同的情况下有不同的解决方案。有的时候甚至有多个不同的解决方案。这里的难点是如何因地制宜做出决策,选出更适合当前资源和问题的方案,并最终落地。

图 1-4 形象地描述了找到解决方案的过程。左图是大多数人幻想中的情境,找到最佳方案,然后实现,随后就是成功。而右图才是骨感的现实,你可能尝试了方案之后,发现要重新定义问题,然后再迭代方案,磕磕绊绊一百步之后才能成功。

我亲身从 0 到 1 落地项目的经历也印证了这一点。我曾经组建团队,把某算法从 0 到 1 落地。在研发的过程中,该方案取得了很好的效果。在这一过程中,也有麻省理工学院的最新研究发表,说明这个解决方案是最先进的解法。

第 1 章 认识公司：选择成长期业务

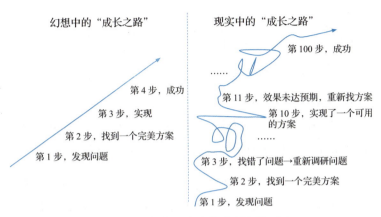

图 1-4 幻想和现实中的成长之路对比

找到最优解不是最大的困难。最大的困难是论证为什么学术界的最优解到了业务场景下可以有效降低成本，为什么已有的方案不够用，为什么这个项目的优先级要比其他项目的优先级更高。

通过亲历这个一年的项目，我积累了更多的实践经验，在之后遇到新问题时，也能够迁移相应的方法论去解决。同时，我也提高了自身的战略规划能力，能够更好地预先判断未来的困难，设定合理的目标。

原因三：成长期的核心业务，有更多的发展空间。

成长期的公司可以做的项目比人多。人才是稀缺资源，个人成长机会更多。

例如 2012 年的 Instagram 公司在被脸书公司收购时仅仅有 13 名员工。收购后，整个 Instagram 团队在脸书公司有很大的自主权，业务飞速增长。脸书公司也对 Instagram 进行了很多流量扶持，比如在网站上引导用户去 Instagram。

而成熟期的公司往往人才已经饱和，人比项目多。好项目是稀缺资源，个人成长机会少。

在 2017 年，随着 Instagram 的快速增长，Instagram 已经开始抢占脸书公司的用户时间。脸书公司的高管团队展示了一组数据，说明脸书公司用户活跃度下降的原因是 Instagram。到了 2018 年，脸书公司决定撤掉给 Instagram 的流量扶持。

最终在 2019 年，在各种资源限制和组织架构调整情况下，Instagram 的创始人离开了脸书公司。

1.2　如何找到成长期公司

在介绍了成长期公司的概念之后，大家肯定要说，我们都知道成长期公司好，那么怎么才能找到成长期的公司呢？

大部分人寻找成长期公司的过程非常主观。

我给 14 名学员开设了一门领导力课程，在课上做了一个小的测试，给大家某产品的三条业务线，让大家挑选其中最有潜力的。让人惊讶的是，大家在挑选业务线的时候，主要是分析三条业务线的愿景是否宏伟，没有一名学员分析盈利潜力，只有 5 名学员提到打算问相关业务线的朋友。

只分析业务的愿景好不好有什么问题呢？你会忽视数据和事实，很容易选到 ofo 共享单车这样的公司，愿景很美好：不生产自行车，只连接自行车，让人们在全世界的每一个角落都可以通过 ofo 解锁自行车。但是，实际公司亏损严重，无法持续增长。

如果你选择了不靠谱的公司和业务，对于自己的生命是一种浪费，个人也得不到成长。

下面，就来介绍一下怎么分析一家公司的前景，选到有潜力的组。

1.2.1 什么是公司的关键信息

首先要了解什么是公司。公司的定义是指依照法律规定，由股东出资设立的，以营利为目的的企业法人。

以营利为目的，为股东创造价值，是公司的基本目标之一。当然，公司也需要有社会责任感，但是如果无法盈利的话，社会责任感只是空中楼阁。

既然公司是以营利为目的，公司的关键信息就是公司的盈利模式。那么如何了解一家公司的盈利模式？大家平时看各种分析，有很多复杂的商业模型，看得人眼花缭乱。其实这个问题很简单，看一下这家公司的营收和利润。

图 1-5 就是苹果公司财报的例子。财报的第一行，英文叫作 Top Line，就是指公司一年的销售收入（即营收）。

成长力：揭秘高科技人才成长模式

Apple Inc.
CONSOLIDATED STATEMENTS OF OPERATIONS
(In millions, except number of shares which are reflected in thousands and per share amounts)

	Years ended		
	September 30, 2017	September 24, 2016	September 26, 2015
Net sales	$ 229 234	$ 215 639	$ 233 715
Cost of sales	141 048	131 376	140 089
Gross margin	88 186	84 263	93 626
Operating expenses:			
Research and development	11 581	10 045	8 067
Selling, general and administrative	15 261	14 194	14 329
Total operating expenses	26 842	24 239	22 396
Operating income	61 344	60 024	71 230
Other income/(expense), net	2 745	1 348	1 285
Income before provision for income taxes	64 089	61 372	72 515
Provision for income taxes	15 738	15 685	19 121
Net income	$ 48 351	$ 45 687	$ 53 394

Top Line: 营收

Bottom Line: 净利润

Apple Inc. | 2017 Form 10-K | 39

图 1-5　苹果公司财报

第 1 章 认识公司：选择成长期业务

扣除掉各种成本后，财报的最后一行，英文叫作 Bottom Line，就是指公司一年的净利润。也就是公司实际赚到的钱。

对于不同的公司来说，它们的利润率是有很大差别的。

媒体类公司往往利润率很高。例如，谷歌公司每年靠广告营收几百亿美元，在 2019 年净利润率接近 20%。

汽车类公司往往利润率较低。例如，特斯拉公司需要投入大量资金建造厂房等，2020 年的净利润率低于 2%。

而上面提到的 ofo 共享单车公司，则一直赔本赚吆喝。根本原因是共享单车运营成本高，车子折旧快，单车利用效率难优化。ofo 公司对于成本优化的能力有限，虽然增长曲线喜人，但成本曲线增长更"感人"。最终 ofo 公司因亏损严重，只能宣布破产。

对于没有财报的创业公司，我们如何判断它的盈利模式和前景呢？我们可能需要系统性地收集信息和做出判断。主要可以从下面四个角度进行系统分析，对公司的营收和成本进行建模，预测公司的盈利模式。

- **愿景**：这家公司是否在解决一个开创性的问题？
- **团队**：这家公司的团队特别是 CEO 是否靠谱？是否有一些过往的成功经验？例如，这个团队是否之前合作过，成功解决过一些冲突并且合作默契？
- **市场**：这家公司想要解决的市场是否够大？是否有增

长潜力？

- **竞争环境：**这个领域竞争是否激烈？这家公司有没有什么竞争优势使其能够超越竞争对手？

总结一下，公司的关键信息是它的盈利模式，这决定了公司是否可以持续发展。公司的愿景、团队、市场、竞争环境、财报等方面都会对公司的盈利模式有很大影响，我们可以收集这些相关信息，对公司的盈利模式和前景进行判断。

1.2.2　没有交叉验证的信息都是噪声

讲完如何分析公司的商业模式后，大家又会问第二个问题：我们看到的都是创业公司，没有上市看不到财报，CEO和管理层都在画大饼，我们无法判断信息的水分有多大，该怎么判断公司靠不靠谱？

大部分人在选择公司时，就像图1-6中的盲人摸象，靠着片面的信息就做出了判断。例如，听到有人说公司的业务增长了10倍，就认为公司的增长非常快，但是可能忽略了实际成本增长了100倍。

另外，如果只从媒体上获取信息，里面的水分特别大。而公司为了招人，往往会夸大自己的业务前景。

举个例子，2016年很多媒体都高估了无人车技术落地的速度，预测 2020 年无人车会取代人类司机。2020 年到了，无人车还在测试阶段，离真正落地差远了。

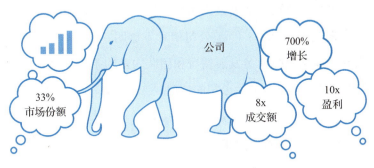

图 1-6 "盲人摸象"式调研公司

媒体报道的信息水分大。一方面，科技行业有炒作现象，每隔一段时间，大家就会对于虚拟现实等黑科技有过高的预期；另一方面，有一些公司为了提高自己的名声，会花钱在一些媒体上发表公关稿。

硅谷有一家公司 Theranos 谎称自己已经研发出先进的技术，用几滴血就能做复杂的健康监测。而实际上，该公司的研发一直遇到瓶颈，只能用别的公司的机器造假。造假的事情被曝光后，该公司宣布破产倒闭。

当然，有一些人在选择公司时会多做一些功课，向公司里面的基层员工打听一些信息。这样虽然可以多收集一些信息，但是基层员工往往无法拿到全局的信息，给出的建议可能会很片面。

1.2.3　如何收集关键信息

在 1.2.1 小节，我们已经提到公司的关键信息是盈利模式。那么，究竟如何收集关键信息呢？大家在收集信息时往往会遇到如下难点：（1）公司信息不透明，不在公司内部，很难了解到实际业务发展情况和团队内部的矛盾；（2）公开信息失真，可能会夸大公司的情况。

其实，即使你不在公司内部，通过一些常识和调研也可以判断这家公司靠不靠谱。

调研的关键就两点：

- **第一点，多渠道地收集信息。** 要了解一家公司的前景，你可以采访专业人士、消费者，也可以获取公开数据来验证结论。偏听则暗，兼听则明。
- **第二点，交叉验证多渠道的信息。** 交叉验证非常重要。在新闻调查中，一个接受过正规训练的记者不会随便引用匿名信息，而是会对信息进行核实，对事件的当事人、旁观者等都进行采访，这样得到的新闻才是可信的。

交叉验证的概念在机器学习中也有应用。为了防止模型过度拟合，我们会把数据分成训练集和测试集两部分，用训练集来训练模型，用测试集来评价模型。如果我们不进行交叉验证，得到的模型往往不可用。

下面就举个例子讲讲如何进行调研。

2018年的时候，共享电动滑板车公司Lime是硅谷最火的公司之一。那么，2019年，它还能继续爆发式增长吗？

假设我们穿越回2019年年初，可以从以下三个角度来做调研。

第一，获取公开数据。

美国的路易维尔市政府发布了公开的数据，提供了共享电动滑板车的使用周期和成本。

另一家专门分析共享经济的博客Oversharing对这个数据集进行了分析，每台电动滑板车的平均寿命只有28天，每台滑板车平均每天被使用3.49次。它得出的结论是，每台电动滑板车在整个生命周期会亏损290美元。

公开数据显示，滑板车成本高，报废速度快。

第二，采访消费者。

根据媒体报道，我们可以得到"欧洲是电动滑板车最大市场"的信息。

紧接着，我们可以采访一些欧洲的消费者获得一手信息。例如，我在西班牙马德里的同学就说，电动滑板车异常火爆，早上8点楼下有10台电动滑板车，9点就全部被人骑走了。另外，马德里的山路较多，骑自行车太累，而使用电动滑板车非常省力。

通过采访消费者，我们可以估测出电动滑板车在欧洲非常受欢迎，使用次数可能是美国使用次数的两倍。

第三，采访专家。

针对电动滑板车这个项目，我们可以采访交通规划行业的专家。比如，我有一个同学是加州大学伯克利分校（UCB）交通规划领域的在读博士，她为我提供了更专业的信息：欧洲的交通情况和美国有很大不同，在欧洲的很多城市，20%的居民的出行方式是步行，电动滑板车是步行很好的替代品。而在美国的很多城市，居民需要汽车进行远距离通勤，只有少数城市（如旧金山）适合居民大量使用电动滑板车。

通过采访专家，我们可以交叉验证来自消费者的信息，确定欧洲市场的电动滑板车业务比美国市场好。

综合相关的信息，我们可以得出初步的结论：电动滑板车最大的市场即欧洲市场已经在2018年出现增长瓶颈，电动滑板车公司没有办法在2019年通过在美国或其他市场扩张来达到更快增长（见图1-7）。另外，由于维护成本太高，电动滑板车业务可能会下滑。

采用上面的分析方式，我们可以对不同的公司和业务进行梳理，找到成长期的公司和业务。

第 1 章 认识公司：选择成长期业务

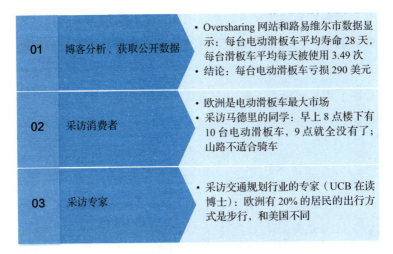

图 1-7 共享电动滑板车公司潜力分析

1.3 在公司内部找到创新机会

你在找到成长期公司之后并不能躺赢。你还需要主动发现创新的机会，才能更快地成长。

首先我们来了解一下有哪些创新的类型，不同的公司适合什么样的创新机会，最后来谈一下如何从 0 到 1 发现、立项。

1.3.1 产品创新与流程创新

创新主要分成两种，一种是产品创新，一种是流程创新。

19

产品创新指的是添加新的功能。图 1-8a 的苹果手机就是产品创新的例子，iPhone 手机刚面市的时候，因为去掉了屏幕下方的键盘，使屏幕的面积扩大，从而改善了用户体验，提高了用户满意度。在一个产品的初创阶段有很多产品创新机会。

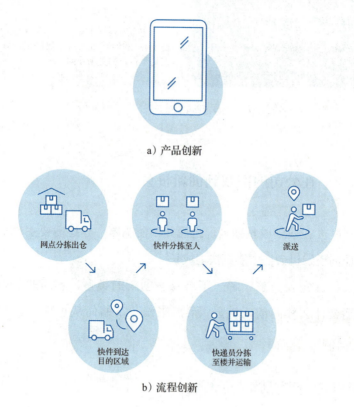

a）产品创新

b）流程创新

图 1-8　产品创新和流程创新的对比

很多人都会问这样的问题，我所做的产品已经有很多功能了，完全想不出来还能加什么功能。这时候，你可以对产品整体上下游流程进行梳理，寻找流程创新的机会。

流程创新指的是对于流程进行优化，提高效率。当产品和公司发展到一定阶段之后，我们能做的产品上的创新就变少了。图 1-8b 就是一个快递派送流程创新的例子。派送快件时，用户感受到的只有货物从 A 点发货，在 B 点收货。但是在整个快件的派送过程中，不同的路径会有不同的成本，如果你能找到更好的路径，优化整体的派发成本，就会给公司带来很多价值。

1.3.2　公司的不同发展阶段适合不同的创新类型

了解不同的创新类型之后，你可能已经找到了好几个可以进行创新的点。这还不够，我们还要判断这些创新是否可行。

首先，不是所有的创新都能落地。不同类型的公司适合不同的创新类型。如图 1-9 所示，我们可以把技术按照发展阶段分成成熟技术和新兴技术，把市场需求分成未被满足的需求和已被满足的需求。对于已被满足的需求，就没有必要用新技术去解决了，这对于创业公司来说是陷阱。创业公司适合做颠覆式创新，也就是发明和已有方案完全不同的解决方案。而已经有稳定盈利业务的公司适合做渐进式创新，也就是将已有的解决方案进行迭代。对于用成熟技术去服务未被满足的需求，这对两种公司都适合。

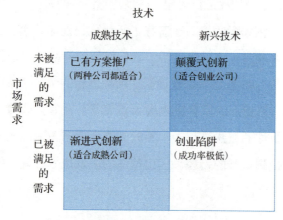

图 1-9　科技发展阶段和市场的关系

这里，大公司常见的"坑"就是要立项去做完全颠覆的创新业务，并自称这是大公司内部的"创业公司"，有很大的独立自主权。例如谷歌公司曾经尝试立项做 Google＋社交，但是最终项目失败。

为什么公司的不同发展阶段适合不同的创新类型？为什么谷歌这样的大公司在投入巨大资源做社交业务 Google＋时最后还是遭遇失败？

斯坦福大学组织行为学教授杰弗瑞·菲佛（Jeffrey Pfeffer）在《组织的外部控制》一书[5]中重申了这个观点：一家公司的战略方针往往被这家公司的外部资源限制。如果公司已经有非常稳定的外部客户，那么公司会优先满足这些客户的需求。

在现实中，如果你加入了一家有稳定盈利业务的公司，那么你会发现，公司从市场调研开始，就会倾向于从已有客户群体做起，帮助优化已有客户的体验远远比发现未知用户的新需求容易。

即使公司自上而下地推动创新，CEO 说需要全力做目前只占利润 1% 的业务，但是在公司内部，其他合作组在排任务优先级时还是要兼顾目前占利润 99% 的业务。如果占利润 1% 的业务不能在短期内取得爆发性增长，其他合作组就会觉得你什么都没有干，对公司业务收益而言杯水车薪，就会让人低估甚至忽视你的努力。

当然，我们不是说大公司所有的创新都会失败，而是说在有成熟盈利业务的公司做颠覆式创新，往往比在创业公司困难 100 倍。

1.3.3　灵魂三问：问题？解决方案？为什么是现在？

有了创新的初步想法之后，你就可以做更系统的方案建设和落地。

在这个小节，我们来讲一下如何从 0 到 1 将新想法落地。

我们先从一个例子开始，考虑哪些方面对新想法落地最重要。下面是红杉资本的商业计划书范本的前四条：

> - **公司目标：**用一句话来描述公司的目标，而不是待办事项。
> - **问题：**描述客户的痛点。今天如何解决这个问题，当前解决方案的缺点是什么？
> - **解决方案：**解释你的方案的独特价值。为什么这个方案有长久影响？未来这个方案有什么潜力？
> - **为什么是现在？**最好的公司几乎都明确回答了"为什么现在要做"。为什么过去没人做过你的解决方案？

类似地，如果你要在公司内部创新，也要回答好这四个问题。其中，对于第一条"公司目标"需要做一点补充——除了公司目标，你还要回答好项目目标这个问题。**总结来说，就是需要回答以下四个问题：公司和项目目标、问题、解决方案、为什么是现在。**

公司和项目目标。这里首先需要理解公司目标，公司目标有两个比较重要的类型：盈利目标和增长目标。盈利目标指的是赚多少钱、节省多少成本；增长目标主要指活跃用户成长到多大规模。然后你可以根据公司的发展阶段，识别什么样的目标对公司价值更高，之后拆解公司目标到团队目标。

例如，公司的目标是盈利 5000 万，那么你的项目目标可以是完成 1000 万的盈利。

问题（也就是具体要解决什么问题）。互联网公司解决的问题主要可以分成两大类：用户痛点和系统痛点。用户痛点指的是用户有哪些没有被满足的重要需求，例如用户在购物网站上需要支付功能。系统痛点指的是公司内部业务和工程流程有哪些低效的部分，例如公司内部需要 10 个团队审批才能完成一个申请，这个流程会使得 30% 的订单流失，这就是一个系统痛点。

解决方案。这里需要提供可以落地的方案和具体的时间线。还需要提供多个可选方案以及对比不同方案的投入产出比。

为什么是现在（也就是为什么目前需要做这个项目）。举个例子来说明"为什么是现在"的重要性，机器学习的理论在 20 世纪下半叶就得到发展，但是直到 2013 年左右才广泛运用。主要是在这个时间点发生了两个巨大的变化。一方面，计算力得到大大提升，英伟达等公司制造出支持并行计算的 GPU（图形处理器）；另一方面，GPU 的应用得到了证明，AlexNet 项目在 2012 年获得了 ImageNet 比赛的冠军，证明了 GPU 在机器学习中表现更好。

在第 4 章中我们会讲一个相关的案例，Airbnb 高级工程经理韩吉鹏在 2013 年就抓住了这样的时机，判断出机器学习在风控领域会有新突破,并从 0 到 1 参与了谷歌公司的相关项目,积累了很多一手经验,后来使自己的职业生涯取得了快速发展。

1.4 同样的项目,为什么有的人推进更有效

很多人都有这样的困惑,同样是做一个项目,为什么有的人推进起来就快很多?

这是因为这些人对于公司的组织目标和组织架构有更深入的了解。

什么是组织目标?我们在之前的小节讲到,公司要对股东负责,以营利为目的。那么组织目标不是 CEO 拍脑袋想出来的,而是综合各个利益相关方需求后得到的。这个目标会指导组织的资源调配,如果完不成目标,CEO 也有可能被替换掉。

什么是组织架构?就是指组织通过什么方式去调配资源,完成任务。五个人的小团队可以每天开会,随时同步信息。但是当团队增长到 1000 人时,合理的组织架构可以确保大家能得到有效的信息,有动力完成组织目标。

下面的四个小节,我们将更详细地介绍如何更好地了解组织目标和组织架构,并更加有效地推进项目。这里分成四

个部分：了解组织的目标、了解组织架构的差异、参与公司的决策过程、调研公司创新项目的推进规律。

1.4.1 了解组织的目标

当你进入一家公司之后，需要了解组织的目标。

如果没有了解组织目标，会出现向错误的方向努力的情况。参加我的课程的一名学员讲了他刚工作时的经历。他的性格比较内敛，leader 让做什么就做什么，做的项目 A 自己并不喜欢，觉得没有实际价值，但是不好意思争取做其他项目，最后自己很委屈，绩效也不好。

组织的目标有两个分析步骤。

第一步，了解公司的整体业务目标和优先级。目标主要分为盈利目标和增长目标。你需要首先衡量目标是否合理，完成目标是否有重要的依赖事件。

第二步，对于整体目标进行拆解，了解比你级别高的人的业务目标，并结合相关团队的目标，预测能够落地的目标。

回到本小节刚开始的案例，你的直属 leader 拿到的是公司整体业务目标拆解下来的一个小目标，然后根据他的判断，项目 A 有做的价值。但是，我们换一个角度，leader 不是神。从 leader 的角度来讲，他的判断也是有信息盲区的。leader 并不能完全得到他的 leader（也就是"跨级领导"）做出决策的信息。你需要找到公司的组织架构和决策路径，图 1-10 就是一个公司的典型架构，你可以通过这幅图来找到关键 leader 的关键目标。

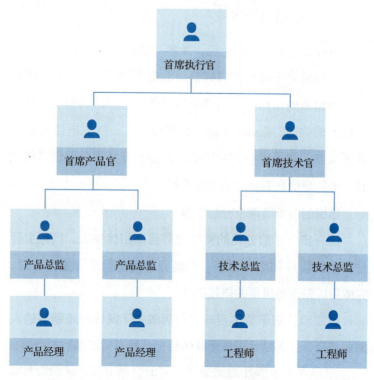

图 1-10　公司架构

得到更高 leader 的关键目标后，如果你能够结合事实分析出跨级领导的目标实际通过项目 B 更容易完成，同时提出完善的方案争取你的 leader 的支持，这样对完成你们组的业务目标实际上更好。

1.4.2　了解组织架构的差异

我在自己开设的领导力课程中发现一个有趣的现象,如果一个人只在一家公司工作过,他对于公司组织架构的认识就会局限在这家公司的情况。

举例来说,你刚开始加入 Uber 公司时,公司正处于成长期,公司文化鼓励自下而上的创新,即使你级别低,如果有好的想法并且能落地,也能有效推进项目。但是如果你是在成熟期的谷歌公司工作,这种事情就比较少见,因为级别高的同事明显有更大的影响力。

如果你能更好地了解不同公司组织架构之间的差异,就能更好地找到发力点,有效推进项目。

不同公司的组织架构有什么差异?图 1-11 是谷歌公司设计师 Manu Cornet 的漫画,形象地描述了不同公司之间的区别。

- 亚马逊公司,等级森严,项目大多从上到下发起,不同的汇报线之间有界限。
- 谷歌公司,级别有明显差异,高级别领导对于项目有更多话语权,但是不同汇报线之间的界限相对模糊。主要原因在于谷歌公司的升职体系有升职委员会,委员会中高级别个人贡献者有较大话语权,而经理的话语权较弱。
- 脸书公司,公司把级别隐藏起来,鼓励大家自下而上地发起项目,乱世出英雄,以项目影响力论功行赏。

- 微软公司，公司内部每个事业群相对独立，各自为战。
- 苹果公司，以创始人意志为中心的架构，这张图更多描述的是乔布斯在世时的组织架构，公司的决策以乔布斯为主导。
- 甲骨文公司，公司法务部门的话语权比工程师部门要大，因为公司对于侵权事件零容忍。

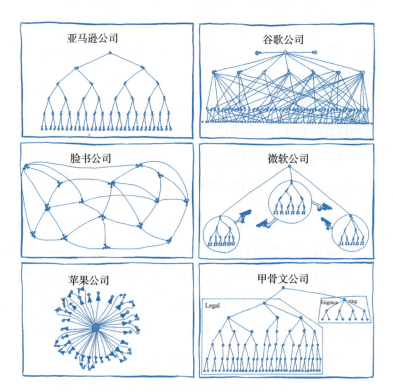

图 1-11　不同科技公司组织架构对比

（图片来源：www.bonkersworld.net）

1.4.3 参与公司的决策过程

除了收集信息，你也可以主动加入公司的决策过程，更好地推进项目发展。在此期间，**什么是"核心决策圈"？**基本上每个 leader 在做决策的时候，为了效率，一般只会收集一些他认为重要的人的意见，比如手下两三个熟悉业务的员工，平级合作的两三个意见领袖。在这个决策过程中，信息其实不会分发给更多的人，如果你不在"核心决策圈"里面，其实你知道信息的时间就会晚很多，由于你的信息不足，你的判断就会出现很大偏差。

当然大家就会问，你怎么进入"核心决策圈"？这是一个需要长期建设的事情，因为信任不是一天建立起来的。

一方面要突出你的个人优势，努力让自己成为某一领域最好的专家。当大家想到某一领域的问题时都会想到去问你。

另一方面要不断证明自己具备处理信息、做好决策的能力。你可以从一些小的事情做起，展现你收集和加工信息的能力，并且持续预测到比你级别高三级的人的决策方向。如果你经常能够证明自己有这方面的能力，自然而然大家做决策的时候就会加上你，听听你的观点。

当然，科技公司的等级架构没有那么森严，你不能只局限于进入自己汇报线的"核心决策圈"。对于紧密相关的平级同事、合作组的决策，如果你也能发挥影响力，那么你在推进项目时会更加轻松。

1.4.4 调研公司创新项目的推进规律

公司的组织架构是在动态变化的，随着高层的变化，公司文化也会有迭代。在这个过程中，怎么找出组织架构的特征？

找出组织架构特征的关键就是关注组织最重要的战场在哪里推进以及推进的方式。战场在哪里？当然在成功落地的重要创新业务那里。

一个较快了解创新业务推进方式的途径就是采访一些组织里成功的榜样，图1-12中列出了一个提纲，你可以了解他们是如何发起项目并落地的。

图1-12　组织内学习榜样案例

1.5 本章行动清单

1.采访在成长期公司和成熟期公司工作的朋友和同事,对比他们的职业发展路径。

2.你的组现在可以做哪些优化和创新?跟同事和领导讨论。

3.找出你们部门经常能够落地创新项目的人、有影响力的人和很快升职的人,了解他们有什么值得学习的地方。

第 2 章

定位个人

探索独特的发展路径

2
CHAPTER
第 2 章

我的一个朋友跟我谈到了一个困惑,他进入公司之后工作非常努力,经常加班,升职也很快。但是,三年后,他发现公司新来的一个同事比他还能加班,他觉得单纯靠努力,无法在公司持续地脱颖而出。

他的困惑其实是很多工作几年的人都会面临的问题,那就是如何提高自己的不可替代性,持续地保持竞争优势。

这里举一个成功找到自己竞争优势的例子。硅谷的创业教练比尔·坎贝尔(Bill Campbell),他原先是一个不成功的橄榄球教练,后来成功转型为创业教练,并担任苹果公司董事。

坎贝尔在哥伦比亚大学念本科时,作为校队队长在 1961 年带领哥伦比亚大学橄榄球队获得了美国常春藤橄榄球联赛冠军。他毕业后从 1974 年到 1979 年期间,在哥伦比亚大学担任校队的橄榄球队教练。但是,在他执教期间哥伦比亚大学橄榄球队的战绩不好,没有拿到过常春藤橄榄球联赛的前三名。

在结束不顺利的橄榄球队执教生涯后,他心灰意冷地转行加入一家广告公司。然而,他在后续的职业生涯中发现自己的教练经验对硅谷的很多创业者有帮助。他加入苹果公司后,力排众议推动了 1984 年 Mac 广告在职业橄榄球大联盟(NFL)年度冠军赛超级碗上的播出,取得了超越预期的广告效果。后来,乔布斯邀请他加入苹果公司的董事会,并称他从坎贝尔身上学到了很多教练经验。

在 2001 年埃里克·施密特(Eric Schmidt)担任谷歌公司 CEO 时,刚开始是拒绝坎贝尔这位创业导师帮助的,但是他在和坎贝尔谈话后被其震撼,积极邀请坎贝尔协助管理谷歌公司。坎贝尔也帮助调解了谷歌公司两位创始 CEO 和施密特的大量分歧。

坎贝尔是硅谷当之无愧的创业导师,辅导了很多优秀的创业者和企业高管。在坎贝尔去世后,施密特亲自写了一本书来介绍坎贝尔的管理方法论。这本书的英文书名叫作 *Trillion Dollar Coach*,翻译成中文的书名是《万亿美元教练》,寓意着坎贝尔的门徒公司总市值超过万亿美元,说明他具有巨大的影响力。

从上面的例子中我们可以看出,坎贝尔虽然不会写代码也不懂技术细节,但是他对于体育精神和团队合作有很深的理解,并且能够将这些经验和体会灵活迁移到硅谷的创业公司管理中。而硅谷的其他高管虽然技术水平远高于坎贝尔，但是团队管理能力与坎贝尔相去甚远。坎贝尔利用自己的优势，获得了巨大成功。

不同的人有不同的优势，发挥自己的优势就有可能成功。本章我们就来谈谈如何找到自己的优势，明确人生的意义，准确定位，提高自身的影响力。

2.1 科技人才职场进阶面临的新挑战

首先，我们来看一下目前科技业的就业背景。在 2020 年之后，科技人才在职场进阶中遇到了一些新的挑战。**一个是"头衔膨胀"现象考验得失心。另一个是纯管理岗位数量下降，更需要既精通业务又懂管理的复合人才。**

2.1.1 挑战一："头衔膨胀"现象考验得失心

有"高头衔"的科技业人士的数量越来越高，大家很容易听到"我的某某朋友当上总监"的成功故事，有很高的同伴压力。

"头衔膨胀"这一现象刚开始在金融公司很普遍，比如"副总裁"这一级别听上去位置很高，实际上是工作三到五年后普遍能拿到的资深职位。高盛公司前 CEO Lloyd Blankfein

于 2012 年在一封公开信中写道,公司总员工数量为三万多,"副总裁"的数量有一万两千名左右,占员工数量的 40%。金融公司发放很多"听上去很厉害的头衔"主要是方便员工和客户洽谈业务,让客户感到受重视。

科技业之前对于头衔发放还是相对比较保守的,但是最近几年有越来越多人有"听上去很厉害的头衔"。这里主要有两方面的原因。一方面是很多创业公司没有办法给出高工资,为了吸引人才就发放更高的头衔。例如,一个"总监"头衔的人在创业公司可能实际带二十人已经算多了,但是在大公司里"总监"头衔的人一般会带七八十人。另一方面是大家很容易给自己编"听上去很厉害的"头衔,例如在领英上很多人写自己是一些特殊项目的 Head,听上去很厉害,实际上打听一下,有可能这个项目就一个人,这个人就是光杆司令。

当然,头衔也有积极的一面,头衔上升意味着薪水上涨。大家应该有机会就争取更高的头衔。本节内容主要是希望大家对于头衔的得失心不要太强,因为在当前的时代,"头衔膨胀"现象严重。

2.1.2 挑战二:纯管理岗位数量下降,更需要既精通业务又懂管理的复合人才

纯管理岗位数量下降也给大家造成了新的压力。以前在传统型公司中,大家可以熬年头、拼资历,年数久了升职到

管理岗位，就可以少碰技术。现在在科技公司中，管理越来越扁平化，管理岗位数量下降，原来一个经理带七八个人，现在一个经理可以带十几个甚至三十几个人。

在公司面临困难的时候，中层管理岗位更加容易被裁掉。例如，根据招聘网站 Indeed 的资料，在 2020 年新冠肺炎疫情期间科技业管理岗位缩减比工程师岗位要更厉害，工程师岗位下降了 30%，但是管理岗位下降了 40%，比工程师岗位多下降了 10 个百分点。

更大的挑战是即使当上管理人员，也得不断提高自己的专业能力。科技公司对于创新要求高，管理人员也需要不断地学习新技术，不进则退。

为什么科技公司对于管理人员的专业能力要求更高？主要是因为知识型员工的管理方式和传统管理方式很不一样。

传统的管理方式来源于福特汽车公司的管理方法。在 20 世纪初，福特汽车公司的生产效率很低，生产方式为两三个工人一组，从开始的零件制造管到最后的销售。后来福特公司引入了流水线，每个工人有不同的分工，大大提高了生产效率。为了有效管理员工，福特公司采取了严厉的管理制度，给员工设置了具体准确的业绩目标，不允许工人在工作中分心。在这种情况下，管理人员可以精细地控制和衡量每个员工的工作。

然而，科技公司的知识型员工数量很多，对这些员工的管理方式与传统制造业的管理方式完全不一样。一方面,知识型员工的自驱力更强,更看重工作给自己带来的成就感。另一方面,写好代码和产品方案依赖于灵感,工作的中间产出很难精细衡量。在这种情况下,越优秀的科技公司中的员工越不需要管理者手把手教应该怎么做事情,也不需要有人去督促每天做多少工作。优秀员工更需要的是管理者具有更多的技术和商业洞见,帮助员工设定合理的工作目标。

最后还要强调一点,虽然纯管理的岗位数量下降,但这并不代表对于管理人员的要求变少了,恰恰相反,现在要求管理人员同时具备管理能力、技术能力、商业能力等多方面技能。

2.2 每个人都有不同的优势

在上一个小节中可以看出,目前科技业的竞争越来越激烈,对于人才的要求越来越高。我们普遍感受到自己和其他人的差距越来越小,只有不断加班努力才能不掉队。

我们如果只看学历等表面条件,会误认为大部分人都很相似,名校毕业仍勤奋工作的人一抓一大把。但是,实际上每个人都有不同的优势,如果可以充分发挥自己的优势,就能找到适合自己的独特发展路径。

第 2 章 定位个人：探索独特的发展路径

我在领导力课程中调查了每位学员的优势，发现每个人擅长的东西都不相同。这个调查是基于盖洛普优势识别器。盖洛普优势识别器将人的优势分成 34 种，如图 2-1 所示，有战略思维、关系建立、影响力、执行力四大模块。

战略思维	关系建立
分析　回顾　前瞻　搜集 思维　战略　学习　理念	关联　适应　包容　交往 和谐　个别　伯乐　积极 体谅
影响力	执行力
追求　统率　沟通　完美 取悦　自信　竞争　行动	审慎 排难　专注　信仰　纪律 统筹　公平　成就　责任

图 2-1　盖洛普优势识别器理论归纳的优势类型

注：才储盖洛普优势识别器中文版测试包含了两项额外优势"亲和"和"诚实"

盖洛普优势识别器通过问卷给每个人的优势进行打分，每个人在每个优势上的得分反映出这个人在这个优势上的天赋程度。我们把得分最高的优势叫作"第一优势"，也就是这个人最擅长的技能。我们还统计了每个人得分最高的前五项优势,叫作"前五项优势",也就是这个人最擅长的前五项技能。

这次调查总共有 16 个人提交结果,大部分人的第一优势都只出现一到两次(见图 2-2)。从分布人数图中可以看出,每个优势的出现次数几乎均匀分布,说明每个个体都有很大不同。

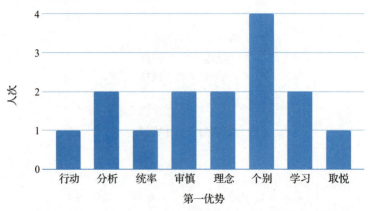

图 2-2　第一优势分布频率

如果再统计大家的前五项优势,分布更加分散(见图 2-3)。例如,16 个人里只有一个人的前五项优势包括"伯乐",即善于赏识并激励他人进步。

有一位学员的第一优势是"统率",他擅长指挥大家一块完成目标。他谈到自己不担心大家有冲突,甚至认为有冲突是团队通往卓越的必经之路。他很擅长让大家赞同他的目标和方向。但是他也有弱点,例如有时候会忽略个体的情感需求,容易挑起不必要的冲突。

前五项优势统计(共 16 人提交)

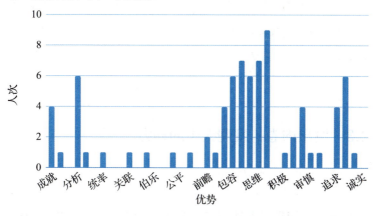

图 2-3　前五项优势分布频率

有一些学员的第一优势是"个别",他们可以发现每个人与众不同的地方,并且善于将个性不同的人组合在一起,促进大家的合作。这样的人就可以和有"统率"特质的人配合,"统率"特质的人可以专注于确定目标和方向,"个别"特质的人可以让这个集体里的每个人感受到尊重和重视。

那么如何了解自己的优势呢?一方面,你可以做一些心理测试,了解自己的优势。除了上面的盖洛普优势测试,还有 MBTI 十六种人格类型测试、大五人格测试等。另一方面,你可以收集朋友的反馈,了解你最令人印象深刻的优点。

了解完自己的优势后，你会更了解自己的不同，能够更好地找到适合自己的方向。

但是，仅仅靠做擅长的事情还不够。如果只做擅长的事情，你会很快发现自己陷入不断竞争中，你需要做你擅长的并且你认为有意义的事。下面这个小节，我们就来谈谈为什么要找到人生的意义。

2.3 跳出内卷，发现人生的动力

为什么找到自己的人生动力重要？

一个人如果没有找到自己的人生动力，就会只关注外在的认可和标签，陷入无意义的内卷。

"内卷"这个词在 2020 年特别流行。它指的是蛋糕的量是一定的，但是分蛋糕的人只增不减，这样每个人都需要加班加点去努力，形成内部竞争。但是，每个人的努力只能取得少量竞争优势，一旦停下努力，就会失去竞争优势。

我对于这种"内卷"的最早观察来自高中。我念高中的时候，每年学校都会选拔优秀学生成立一个理科实验班。选拔的标准就是竞赛成绩，这样一个班中都是"成绩好"的同学。

那"状元"总可以算作"成绩好"吧。但是后来上了大学之后，我发现连"状元"这个标签都显得"平庸"，同一届

同学有十个左右高考得了各省市的"状元"。

你看,之前"成绩好"这个维度的标签已经无法区分出大家的不同。并且,通过标签定义自己会存在一个悖论。如果你在某一方面特别擅长,那么你就会拿到一张入场券,进入一个同样擅长这方面的群体。因为这个群体的人都擅长考试,"成绩好"这个标签已经无法帮助你定义你自己了。如果在"成绩好"这条道路上死磕,你会发现竞争越来越激烈,没有停止的一天。

即使在硅谷这个快速创新的环境里,如果想内卷,也可以卷起来。毕竟比完升职可以比谁先财务自由,比完财务自由可以比爱好上花了多少钱、买了几个酒庄。

如果个人对成功的定义依赖于外在的指标,那么你会发现得到 100 分之后,你会加入"100 分俱乐部",身边的人都是 100 分,只有拿到 1000 分才能够脱颖而出,那么就会陷入如图 2-4b 所示的竞争。加入"1000 分俱乐部"之后,还有"10000 分俱乐部"的竞争。

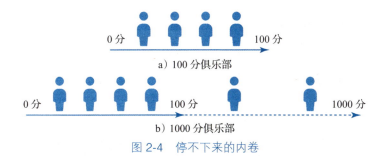

图 2-4 停不下来的内卷

内卷的本质原因是对于成功的标准太单一。如图 2-5a 所示，如果你对世界的认知是"非黑即白"的二元思维，那你到每个群体，就会自动把这个群体根据一定标准区分成"成功者"和"失败者"。那么即使你暂时加入了"成功者"的群体，也必须不断和他人竞争，维持"成功者"的标签。

如何跳出这个竞争循环？**在下面的小节，我们会介绍跳出竞争循环的三个步骤：认识到世界是多元的，选择适合自己的新兴赛道，找到自己的动力来源。**

2.3.1　跳出竞争循环的第一步：认识到世界是多元的

世界是多元的。这个世界并不是只有成功与失败这一个维度，而是如图 2-5b 所示，可以有三个维度或者更多维度，里面的个体 A、B、C、D、E、F 都可以找到自己能够绽放光芒的地方。你要相信每个人都能创造独特的价值。

这些多元思维涉及的维度包括但不局限于：

- 身体健康。
- 能够自主选择自己想做的事。
- 有能力帮助自己重视的人。
- ……

一个创业成功、财务自由的人是有价值的，另一个能提出好问题的人也是有价值的。当你把思路打开，有了自己对价值的多元定义，就不会再被一维象限的竞争所困扰。

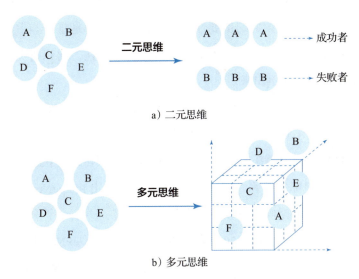

图 2-5　二元思维和多元思维的区别

2.3.2　跳出竞争循环的第二步：选择适合自己的新兴赛道

对于个人成长来说，参与恶性竞争弊大于利。硅谷风险投资家 Peter Thiel 说过这样一句话："竞争是为失败者准备的。"这句话的本质逻辑是人会被竞争吸引，但很多人不知道自己要什么，就只能模仿别人。另一方面，如果竞争激烈，说明这个领域规则清晰，已经没有很大的增长潜力。

一个新兴赛道刚起步的时候，大家关注的不是竞争，而是如何找到正确的方向。例如，2009年的人工智能方向刚刚快速发展，计算机视觉最火的方向是研究更好的模型算法，但是却轻视了数据的重要性。很多模型算法都是基于非常小的数据集得出的，这样的模型有很大的局限性，遇到新类型的图片就辨认不出来。

斯坦福大学计算机科学系的李飞飞教授早在2006年就发现了数据不足的问题，她敏锐地抓住了这个机会，于2007年在普林斯顿大学任职期间发起了ImageNet项目，建立起庞大的图片和标签体系。这个数据集后来衍生出ImageNet挑战赛，成为计算机视觉领域的奥林匹克竞赛，更推动了深度神经网络的快速发展。2012年，该比赛的冠军AlexNet比第二名性能好10.8个百分点，标志着卷积神经网络（CNN）取得了突破性进展。

在这个过程中，李飞飞识别了机器学习中更重要的大方向——大量数据对于训练模型很重要，而没有仅仅去参与基于小数据集的优化模型的竞争。她的眼光和坚持也得到了回报，最终在机器学习史上留下了里程碑式的贡献。

2.3.3　跳出竞争循环的第三步：找到自己的动力来源

每个人的动力来源是不同的，你需要找到自己有动力去做的事情。 举个例子，我有个朋友特别喜欢经济学和技术结合的应用，那么他在做定价系统相关领域的工作时就会非常有成就感。

当然很多人会问，如果不了解自己的动力来源是什么，应该怎么办？

要了解自己的动力来源，分成两个方面：了解自己做了哪些独特的决定，了解自己未来想成为什么样的人。你可以找到一张白纸，按照下面的方式梳理。

一方面，你可以了解自己做了哪些独特的决定。你过去做的独特决定，体现了你自己独特的价值观和动力来源。你可以对自己过去做的事情进行一个小盘点，分析独特决定背后的共性。拿我自己为例，我过去的选择反映我是一个喜欢创新项目的人。我在选择研究生学校的时候，从卡内基·梅隆大学、加州大学洛杉矶分校、耶鲁大学和康奈尔大学这些学校中，挑选了最创新的项目——康奈尔大学在纽约市办的Cornell Tech新项目。这个项目当时很新，才招收第三届计算机学生，自己的教学楼还没有建好，要借谷歌公司在纽约市的办公楼进行教学。但是这个项目吸引我的地方是，整个项目有意识培养学生的创业者精神，项目课程需要计算机系的学生和MBA商科学生合作发起创业项目。在我的眼中，教学楼还没建好是一件很酷的事情，说明课程设置还在探索中，可以尝试很多创新的教育形式。

另一方面，你可以了解自己未来想成为什么样的人。这一方面可以从梳理自己的榜样入手。你可以列出自己的榜样身上有哪些让你欣赏的特质。例如，著名大提琴家马友友就是我的榜样之一。我欣赏他的特质是，他突破了很多一般古典音乐家的条条框框，尝试了很多创新的音乐形式。例如，在他年轻的时候，大提琴家主流是独奏的，他却和钢琴家伊曼纽尔·艾克斯（Emanuel Ax）合作演奏，创造出新的音乐形式。他也发起了"丝绸之路"计划，将世界各地不同风格的音乐家聚在一起，促进世界不同音乐文化间的交流。

当了解到每个人的人生都有自己独特的动力后，你会发现人生这条路是你可以自己选择的。有些竞争可以退出，有些梦想应该坚持。

2.4 如何找到适合自己的独特路径

当你决定跳出内卷，找到自己的人生动力之后，就会面临下一个问题，具体应该怎么操作落到实地呢？我们就在这个小节聊一聊如何找到个人的独特路径。

第一，了解市场需求和趋势。

不同的行业在不同的发展阶段，对于人才的需求也不同。例如，在2010年左右，投行和咨询公司对于优秀人才需求高，并且愿意给毕业生开高工资。但是在2020年左右，这些行业发展变慢，对于优秀人才的需求下降，更多的优秀人才流向了互联网公司。

第二，找到自己的独特定位。

什么叫作"定位"？"定位"这个概念来自市场营销学，指的是在消费者心中的与众不同的印象。例如学挖掘机上蓝翔，学英语上新东方，蓝翔和新东方都是教育机构，但是两者有着不同的定位。

对于个人来说，同样如此，每个人都有不同的定位。两个头衔相同的人可能实际的个人定位有很大区别。

例如，在微软公司做过高管的陆奇和纳德拉的职业生涯都非常成功，但是他们的竞争优势和定位是不一样的。图2-6给出了陆奇和纳德拉在学历、优势、动力、定位方面的对比。陆奇的职业生涯非常辉煌，是美国科技公司职位最高的华人之一，曾担任微软公司执行副总裁。陆奇是名副其实的学霸，一路名校毕业，擅长做最高精尖的技术研究，他的定位是带领团队攻克技术难关。例如，陆奇在微软带Skype业务时，推动团队研究语音和视频交互，因为这些交互比短信交互更难，也更有挑战。

和陆奇相比，纳德拉的学历要普通许多，他取得计算机硕士的学校并不算名校。但是纳德拉从小有运动天赋，他是板球校队的成员，从这段体育经历中养成了在不确定性中保持激情的习惯。同时，他在工作之余攻读了芝加哥大学的工商管理硕士学位,提高了自己的商业技能。最终他也做出了卓越的成就,担任了微软公司的 CEO。

	陆奇	纳德拉
学历	• 复旦大学计算机科学学士、硕士学位 • 卡内基·梅隆大学计算机博士学位	• 威斯康星大学密尔沃基分校计算机硕士学位 • 芝加哥大学工商管理硕士
优势	• 技术能力强 • 勤奋	• 商业能力强 • 勇气
动力	• 相信知识改变命运 • 注重技术,对团队的代码了如指掌	• 爱好板球运动,崇尚体育精神,他认为在不确定中保持勇气是好品质
定位	• 做有技术挑战的事	• 做能创造商业价值的事

图 2-6　陆奇和纳德拉的对比

这个例子中的两位高管在职业生涯均取得了很高的成就,都非常成功,两个人并没有孰高孰低之分,这里主要是举例说明每个人要找准自己的定位,充分发挥所长。

第三,建立自己的口碑。

当我们认识到自身的竞争优势,有了明确的定位之后,下一步是建立属于自己的口碑。建立口碑这件事,我们可以借鉴市场营销中经典的"4P"理论。该理论最早由美国密歇根大学杰罗姆·麦卡锡(Jerry McCarthy)教授在其著作《基础营销学》中提出。"4P"理论分四方面,即 Product、Price、Place、Promotion,取其首字母命名,意思是产品、价格、渠道、推广。

第一，Product（产品），在这里是指你能提供的服务。例如，你有很好的技术能力，这就是你能提供的服务。如果你有很好的组织能力，能够调动大家工作的积极性，这也是你可以提供的服务。

第二，Price（价格），也就是你的定价和价值。如果你做某件事能够比别人好 10 倍，并且让别人知道这件事很有价值，别人也会愿意付出一些东西进行交换。例如，一些公司愿意为某些细分领域的专业人才提供更高的薪酬，因为他们有一些独特的公司需要的专业技能。

第三，Place（渠道），你需要在某一个你最能够展示自己的"渠道"上发声。例如，你分析能力很强，那么可以争取在公司开发新项目或者构建公司战略方向时参与工作。再如，你对公司新产品很了解，那么就可以争取在新产品上线的会议上发表演讲。通过这些发声的渠道，人们才能够记住你，你才能够在他们心中留下一定的印象。

第四，Promotion（推广），在这里是指积极主动跟他人沟通和交流，在他人面前展示自己，对自己的形象和能力进行多方位的宣传推广，让更多的人感受你的价值，从而在人群中建立属于自己的口碑。

关于"如何建立个人口碑"，最核心的永远是第一条"产品"，在人群中建立自己的独特竞争优势和价值，让人们认同你做某件事情确实可以比别人做得好 10 倍，然后主动争取机会展现自己，让别人愿意用 10 倍的资源换取你的劳动成果。如果"产品"做得不好，无法提供差异化的服务，那就只能不断地打折促销，通过不断加班来出卖自己的劳动力，无法可持续发展。

2.5 科技公司升职机制的谎言与真相

介绍完如何找到个人独特的发展路径之后，我们来谈谈如何衡量你的努力成果。衡量的标准有很多种。其中，升职当然是衡量个人成果的一个比较直观的指标。

我曾做过几次问卷调查，升职这个话题是大家最关心的话题之一。我也曾在公司的升职委员会中担任评审。这个小节就来谈谈科技公司的升职有哪些规律，以及什么情况下能升职，甚至得到破格提拔的机会。

关于升职，我想举《武林外传》中吕秀才的例子，他通过三寸不烂之舌，拿到了"关中大侠"的称号。他的这次"升职"就非常有争议。

一方面，吕秀才确实立下大功，除掉了心狠手辣的盗神"姬无命"，为民除害，值得褒奖。

另一方面，吕秀才怼死"姬无命"的过程显得太奇葩，他用逻辑问题怼死了"姬无命"。而"关中大侠"吕秀才竟然是手无缚鸡之力的书生，必杀技仅是"子曾经日过"。

如果吕秀才在创业公司，他的这番作为等于搞定了决定公司生死存亡的一个项目，妥妥拿到"关中大侠"称号。

如果吕秀才在成熟的大公司，公司当时也有升职委员会（Promotion Committee），那肯定要吵翻天。这个项目的影响力肯定足够封"关中大侠"的称号（Scope & Impact），但是吕秀才没有用传统的刀剑拳法（Design & Implementation），这和另一个候选人追风比起来，显得太旁门左道，难以复现。

从这个故事中我们可以看出，能不能升职，要看公司的阶段和需求。下面我们来谈谈关于升职有哪些谎言和真相。

2.5.1 谎言一：每个人都有升职机会

斯坦福大学组织行为学教授杰弗瑞·菲佛（Jeffrey Pfeffer）在 *Leadership BS* 这本书中提到，大部分公司宣传的升职空间都要比实际低。在这本书中他提到根据一项2014年的调查，73%的公司都认为对员工夸大升职潜力是正确的。

在他的书中，将这种做法称为"善意的谎言"，因为这能够提高员工的工作积极性。其实员工也知道公司在画大饼。但是，如果公司承诺的升职机会没有了，大家还是会感到沮丧和失望。

2.5.2 谎言二：级别是硬通货

在 2020 年的《脱口秀大会》中，从程序员领域跨界的脱口秀演员呼兰就吐槽过这个现象，他去一家公司，五个人里面有三个总监，感觉像去了理发店。

科技公司的级别一般是公开的，比如 levels.fyi 上面把各家公司的级别显示出来（见图 2-7）。大家习惯性地觉得，升职像打游戏一样，升完第一级，再升第二级。

这里提供一个新的视角，所谓的升职规则，其实跟打游戏练级差不多。设置这些级别是为公司服务的。比如说，公司的职位有更多的级别，能够促进大家工作有干劲。

但是我们也不需要太把级别当一回事。比如说古早游戏《冒险岛》上线时 200 级满级，后来发现满级的人太多，大家玩游戏没动力，就把满级调整到 250 级。公司也是如此，如果本身增长停滞或者招不到人，也会或多或少给级别注水。

谈完这两个常见的关于升职的谎言，我们来谈谈关于升职的真相。

2.5.3 真相一：稀缺的晋升名额和大笔晋升奖励会使公司发展更好

对公司来说，如果设置稀缺的晋升名额，同时给晋升的人大笔奖励，会提高公司的整体工作效率。

第 2 章 定位个人：探索独特的发展路径

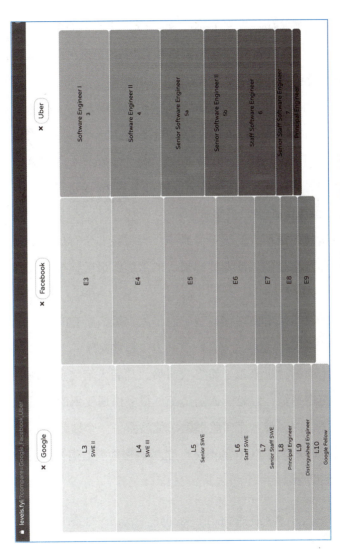

图 2-7 来自 levels.fyi 网站的不同公司职级比较

（数据源：https://www.levels.fyi/?compare=Google,Facebook,Uber）

美国经济学家爱德华·P. 拉泽尔（Edward P. Lazear）和哈维·S. 罗森（Harvey S. Rosen）提出了一个经典的理论，叫作锦标赛理论（Tournament Theory）。这个理论指出让员工进行比赛，能够提高整体的绩效。

这里仍以《武林外传》为例来说明锦标赛理论。佟湘玉掌柜手上有10 000元，如果她把这笔钱作为一个锦标赛的奖金，手下四个伙计按照绩效来排名，绩效最好的人得到第一名、获得升职，拿8000元奖金，第二名拿2000元奖金，剩下的第三名和第四名没有奖金。

在这样差额很大的奖金激励下，大家会非常有动力，互相竞争和互相鼓励，都发挥出最大的潜能，最后整个团队的总绩效也更好。

但是，如果不使用锦标赛，而是大锅饭，所有的伙计都拿2500元奖金，这样大家都没有动力去超常发挥了。

从上面的分析来看，如果公司给前几名大笔奖金，并不需要多花很多钱，但是能激励员工。很多快速发展的公司都应用了类似的标准，比如脸书公司就设置了一个绩效档，叫作"重新定义标准"（Re-define），能够破格为绩效优秀的员工发放大笔奖金。

2.5.4 真相二：升职标准是经常改变的

大家在判断自己是否应该升职时，常常会对标下一个级别最差的人。

比如，我比小明更厉害，但是小明居然比我高一级，为什么我还没有得到提拔。再比如，一个经理提到，破坏组员积极性最快的方式是提拔一个不能服众的人。因为所有想升职的人都会拿自己和下一级别最差的人比较，而不会去和下一级别最厉害的人比较。

但是，从"真相一"的分析可以看出，对应用"锦标赛理论"的公司来说，目标是最大化公司的利益，而很难保证每次"锦标赛"都采用一样的标准。

举个例子来说，每次奥运会比赛的第一名的成绩都不一样。2004年拿金牌的成绩可能在2008年只能拿到铜牌。选择不同的项目，竞争难度也不一样。

对于公司来说，不同时期需要激励不同的人。

- **对于"打仗型"公司，需要的是"特种兵"。** 为业务负责的leader会有更多的提拔话语权。
- **对于"守城型"公司，需要的是"三好学生"。** 为了公平，需要分散升职的权力，往往会成立升职委员会。

我在升职申请这件事上也经历过成功和失败，一波三折，遇到过上面"特种兵"的标准，也遇到过"三好学生"的标准。最近的一次升职，尝试了两次才成功。

我认为，公司的需求和升职标准变化太大，所以不应该太执着于具体的级别。更重要的是提高自己的能力,能够对行业的持续发展创造价值,也就是下面"真相三"提到的能力。

2.5.5 真相三:升职标准也有一些不变的规则

公司越大,升职衡量的维度越复杂。比如,对于创业公司,可能就看个人表现和潜力;对于大公司,能搞出五到八个维度,比如合作、领导力、技术能力、公司文化认可度等。

这里面甚至会有矛盾的评判标准。既期待一个人理性、犀利、有见地,又期待一个人能够有超高共情能力。

其实,大部分维度都是蛋糕上的裱花。而蛋糕本身也就是最重要的能力是给公司创造商业价值的能力。

给公司创造商业价值的能力可以分成几个层次。比如,从工程师的通用级别出发,可以概括成下面三个层次。

- 初级工程师:有执行能力。给他一个写好的方案,这个级别的人能够很好地实现方案。
- 中级工程师:有解决问题的能力。给他一个问题,这个级别的人能够提出解决方案,并带领大家解决问题。
- 高级工程师:有发现问题的能力。这个级别的人能够发现对公司有价值的问题,分析为什么有价值,提出合理的解决方案,并有足够的口碑和能力推动方案落地。

最后，再举个例子谈谈什么情况下公司会破格提拔人才。

在本·霍洛维茨（Ben Horowitz）的书《你所做即你所是》（*What You Do Is Who You Are*）中提到一个破格提拔的故事。著名风投机构 Andreessen Horowitz 在创始之初，有一个规则是不从内部提拔合伙人。但是，内部成长的陈梅陵（Connie Chan）表现特别好，投出的公司获得超额回报，并且表现超出了竞争对手公司普通合伙人的水平。创立这个规矩的本·霍洛维茨担心陈梅陵会跳槽，他认为公司无法从市场上招到类似的优秀人才，最终和其他管理层商议，决定破格提拔陈梅陵为合伙人。

这个故事告诉我们：**破格提拔人才的核心要素是这个人能够提供整个行业内无法取代的核心价值。**

2.6 人生的无限游戏

聊完了升职的谎言与真相，我们可以发现表面上的级别不代表什么，例如 2020 年新冠肺炎疫情期间很多公司缩减了升职名额，但是这并不代表没有给予升职认可，员工的能力就没有得到提高。

不关注升职，那我们应该关注什么呢？**我们应该关注更本质的东西，也就是核心的能力提升。**

纽约大学教授詹姆斯·卡斯在《有限与无限的游戏》这本书中把世界上的游戏分成两种：有限游戏和无限游戏。

- 有限游戏以取胜为目的。例如升职就是典型的有限游戏，最终会有胜负结果。其他如赚两千万、买一套房、公司上市等都是有限游戏的例子。
- 无限游戏以延续为目的。无限游戏的规则在变化，需要不断拓展边界。例如一个童话故事被创作之后还可以被再次加工，有新的解读，搬上大荧幕。一个故事的生命可以随着时代的变迁延续下去。

从有限游戏和无限游戏的角度来看，我们在具体的工作中不应该只关注可以量化的指标，更应该关注有什么能力和资源的提升能够带到下一个游戏。更具体来说，你目前的工作只是一个有限游戏，你需要考虑下一个游戏是什么，想去哪家公司，想转去哪个岗位，然后倒推回来，考虑取得什么样的成就能够帮助你进行下一个游戏。

2.7 本章行动清单

1. 做优势测评，明确自己的优势。如果你之前做过也建议再做一遍，因为人在不同的时期，自己的优势会发生改变。

2. 养成多元思维，找到自己人生的动力，跳出内卷。

3. 思考是否有升职计划。如果有，你下一个级别的要求是什么？你哪里达标了，哪里还需要努力？

4. 跟老板制订升职计划并做定期的检查。

第 3 章

带领团队

影响更多人

第 3 章

我们从校园到职场所经历的最大的一个变化就是要从单兵作战到团队合作。

我们在第 2 章主要讲了个人如何找到自己独特的优势，探索自己的发展路径。从个人角度出发，做好自己的事情，对于新人来说是足够的。但是，一个人的力量毕竟是有限的，公司业务的开展更多的是要依靠团队合作。随着大家的资历提升，就会面临新的挑战——如何更好地驱动团队，带领一群人完成更大的项目。本章就会讨论如何带好团队，影响更多人。

首先谈谈大家在团队合作中会遇到什么样的问题。我在平时和朋友的交流中发现，大家在团队合作中经常遇到下面两种典型问题。

第一类典型问题是在团队合作中合作伙伴没有按照自己的预期完成任务。例如，小明带新进组的工程师小华做项目，刚开始期待值很高，给新工程师小华一个三周后就要上线的紧急任务，小华一口答应下来,每周都说"一切尽在掌握",结果在三周后小华发现上下游的测试根本走不通。因为项目紧急,导师小明只好撸起袖子连续几天通宵亲自上手完成了任务。更惨的是,小明做完项目之后还吃力不讨好,因为小华觉得自己没有得到锻炼。

第二类典型问题是很多人的长期目标是做经理,希望能够带团队做项目,但是目前自己的项目比较小,不知道如何带更多人一块去完成项目。例如,小光是团队内的资深成员,熟悉团队里的主要系统,但是发现自己更多是去实现和辅助上级或者产品经理的想法,他模模糊糊地意识到自己应该提高产品和商业技能,提出自己原创的想法,但是不知道如何开展这件事。

这些问题都反映出大家对于团队运行原理的不了解,在本章接下来的内容里,我们就会系统介绍科技公司团队的特征,如何通过愿景驱动人才,如何立项带领新团队,以及激励团队更好地产出。最后,我们还会谈一下如何在组织架构调整中抓住机遇和更好地发展。

是不是只有管理者需要学习如何带好团队?有人又有问题了,自己只想做好个人贡献者,不打算转型成为管理者,那还需要学习团队知识吗?答案是"很有必要"。在今天的科技公司中,项目迭代快、公司发展迅速,经常会选拔一些业务能力强但没有管理经验的人做 leader,如果这个新 leader

不懂团队管理知识，那么有可能会陷入混乱管理中备受煎熬。**只有掌握了团队运行的规律，才能够更好地推进自己的项目，甚至帮助团队从不成熟的阶段过渡到成熟健康的阶段。**

3.1 科技公司团队的趋势

随着科技的发展，科技公司对于迭代和执行力的要求越来越高。在这种情况下，催生出两个大的趋势——**一方面团队更加扁平，另一方面组织架构调整更加频繁。**

3.1.1 团队更加扁平

科技公司的组织架构越来越扁平。 1975 年创立的微软公司，工程师级别多，入门级别是 59 级，到最高 80 级的 Technical Fellow，中间差了 12 个级别（70 级升职后是 80 级）。而 2004 年创立的脸书公司，等级则扁平很多，入门级别是 3 级，最高等级是 9 级，中间只差了 6 级，内部甚至隐藏级别，降低大家的等级观念。图 3-1 来自硅谷最出名的薪水级别参考网站 levels.fyi，这个图显示了脸书公司和微软公司之间的级别数量差异。

为了方便大家理解，我们下面来详细介绍三种典型的组织架构模式：**等级型组织、扁平型组织、混合型组织。**

成长力：揭秘高科技人才成长模式

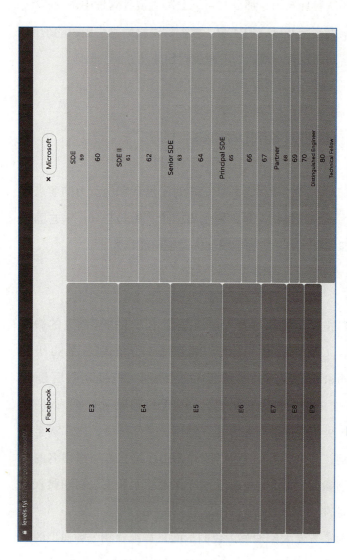

图 3-1 levels.fyi 网站上脸书公司和微软软公司的职级比较

（数据源：www.levels.fyi/SE/Facebook/Microsoft/）

第一种组织架构模式：等级型组织。

很多传统的企业都是等级型组织。它们的企业组织架构一般都是如图 3-2 所示的一级压一级的结构，并且每个人的职责分工非常明确。

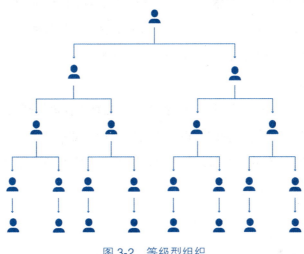

图 3-2　等级型组织

这类组织的特征一般是每个部门按照职能来区分，彼此之间信息不透明。如图 3-2 所示，管理者负责向下级分发信息，信息传递链非常长，下级非常依赖上级的指示，很难发挥主观能动性。

典型的例子是富士康公司，它的主要竞争优势是价格低。公司通过严格的管理制度来管理员工并控制生产过程，其企业文化也强调服从，层级从下到上链条很长：普工、储备干部、全技员、线长、组长、课长、专理、副理、经理、协理、副总经理、总经理。

第二种组织架构模式：扁平型组织。

扁平型组织往往出现在刚起步的创业公司中。一方面，公司的业务还在探索阶段，每个人的职能和任务还没有确定，需要边试边看。另一方面，公司为了提高工作效率，往往会提高信息透明度，确保每个人都能理解公司的方向和决策，降低沟通成本。

举个例子，创业公司中的首席产品官不仅负责产品开发，还可以身兼销售总监、市场总监等数职。如图 3-3 所示，成员之间的等级感很弱，信息自由流动，大家的精力更多集中在一起解决问题。

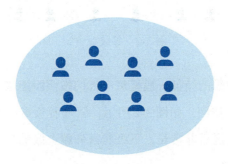

图 3-3　扁平型组织

第三种组织架构模式：混合型组织。

目前大部分年轻的科技企业往往是混合型组织，兼有等级型组织和扁平型组织的特点。一方面，如图 3-4 所示，在组织架构上有很清晰的上下级区分。另一方面，组织又是流动的，经常会成立新的项目组，形成一个虚拟扁平化团队，这个项目组的成员来自不同的职能团队，也包括了不同层级的员工。在这个虚拟扁平化团队中，信息可以自由流动，每个人的职能界限比较模糊。举个例子，欧盟发布 GDPR 隐私政策之后，很多科技公司就成立了临时项目组（包括一个产品经理和多个跨部门的工程师）来解决这个合规问题，等到解决完这个问题后，公司又会解散这个项目组。

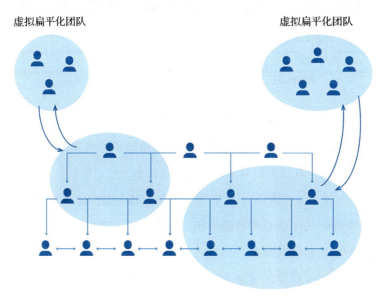

图 3-4　混合型组织

为什么需要虚拟扁平化团队？因为扁平化团队更利于创新，层次分明的等级制度不利于创新。对于具体的某个项目，高级别员工花费在项目上的时间和精力可能有限，对于上下文的理解可能不如低级别员工，如果搞"一言堂"，要求低级别员工直接服从高级别员工的领导，就会打击低级别员工思考问题的积极性。反之，如果鼓励大家平等地发表自己的观点，就可以加强大家的合作和交流，让"最好的想法"胜出。

表 3-1 总结了上面提到的三种组织类型的区别。

表 3-1 三种组织类型比较

	等级型组织	扁平型组织	混合型组织
部门间信息透明度	低	高	中
部门职能明确度	高	低	中
管理幅度	窄	宽	中

注："管理幅度"的定义是一名领导者直接领导的下属人员数。

回到本小节最初描述的现象，目前科技创业公司的趋势是组织架构越来越扁平，大公司也会鼓励成立更多的虚拟扁平化团队。在这种趋势下，我们能做什么？

一方面，我们应当尽量争取建立或加入虚拟扁平化团队，因为这样的团队更加鼓励创新，尊重人的主观能动性，对于个人成长非常有帮助。另一方面，我们应该提高自己对模糊边界的接受程度，更加主动地面对新的挑战，不要被自己的级别和职位所限制。

3.1.2 组织架构调整更加频繁

除了组织架构变得越来越扁平这个趋势,目前科技公司的组织架构还有第二个大的趋势,**即组织架构调整更加频繁**。2014 年 Mckinsey 报告显示,有 70% 的高管在过去两年都经历过组织架构的调整,其中 30% 的组织架构调整会持续一年[6]。

为什么会有如此频繁的调整?因为目前的商业环境竞争激烈、变化迅速,公司业务目标需要顺应商业背景进行调整,相应的业务线也要经常变化。这样的调整能够帮助公司快速开展新业务。

当今大部分科技公司的组织架构越来越扁平,组织架构重组可以快速完成。一个组成立半年后就被解散,成员分配到其他组的情况越来越多。某世界 500 强科技公司的员工就提到他入职两年多经历了 5 个老板,组织架构大地震后还有余震,整个团队上到副总裁和总监,中到高级经理和普通经理都换血了。

虽然公司组织架构调整频繁,但是效果不一定好。同样的一份 Mckinsey 报告中提到,低于 25% 的高管觉得组织架构调整完成了预期的目标。主要原因是一些公司的业务发展很差,商业模式不靠谱,高层完成不了业务预期,人员流动大,只能靠频繁的组织架构调整来碰运气。

对于我们个人来说，我们不能将组织架构调整妖魔化，而是应该具体问题具体分析，识别出健康的组织架构调整。如果公司的商业模式有前景，组织目标能够达到预期，那就应该顺应组织变化，抓住机会，提出新的方案，做新项目。如果公司的商业模式有很大问题，组织架构调整只是饮鸩止渴，那就应该果断止损。关于如何应对组织架构调整，我们会在 3.5 节中具体讨论。

3.2　组建团队的基石：愿景

谈及组建团队，首先要理解公司和团队的愿景。

愿景这个词的英文是 Vision，原意与视力相关，代表了一个组织的远见。它是组织领导者和成员共同提出的，能够引导和激励组织成员的未来蓝图。愿景回答了"为什么要有这个团队"的问题。下面就是苹果公司的愿景。

- 苹果公司的愿景是让世界更美好（to bringing the best user experience to its customers through its innovative hardware, software, and services）。

苹果公司的愿景，通俗解释就是要做地球上最好的产品。苹果公司为什么要做世界上最好的电子产品？因为苹果公司认为每一个人都值得拥有更好的体验。任何一家公司想要成功,任何一个团队想要有凝聚力,都需要有愿景,提出愿景之后才会有志同道合的人追随其后。

团队的愿景可以是公司愿景的一部分,并对某一个业务线的目标有具体解释。举例来说,苹果电脑团队的愿景可以是做出处理性能一流的电脑,而苹果应用商店的愿景可以是让所有人快速搜索和获取高质量的 App。

3.2.1 为什么要重视愿景

为什么团队一定要有愿景?因为愿景是驱动团队成员工作的最重要的动力。马斯洛需求理论认为,人的需求有生理需求、安全需求、爱与归属、尊重需求和自我实现五大类,其中自我实现的需求位置最高(见图 3-5)。团队的愿景如果能被团队成员认同,就能够帮助团队成员实现自我价值,发挥潜能。

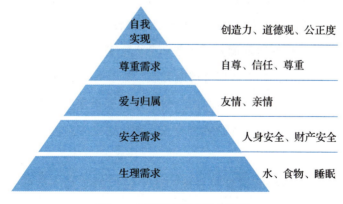

图 3-5　马斯洛需求层次模型

越是优秀的人才，越看重"自我实现"的需求。举个例子，一些冷门学科的大学教师薪资低，但是仍然有一部分人选择了这个职业并愿意废寝忘食地工作，这是因为他们看重自我实现，认为取得科研突破是非常有成就感的事情。

3.2.2 如何寻找愿景

了解愿景的重要性之后，下一个问题就是如何寻找愿景。这个问题问的是为什么要这家公司或这个团队来做这件事情，而不是问怎么做这件事情。要回答这个问题，你需要找到这家公司的核心价值观和盈利模式。

核心价值观很抽象，因此我们要确保这个核心价值观和公司的盈利模式紧密相关。例如民宿平台 Airbnb 网站的核心价值观包括"热情好客"（Be a host），这条核心价值观能够帮助用户更加信任平台，有更强的意愿在平台上消费。即使公司外部的环境变化，这条价值观也不会轻易改变。

只有很好地理解公司愿景和个人愿景，才能识别哪些项目可以做成，哪些项目会遭遇失败。对于 Airbnb 公司，用户体验非常重要，如果一个项目是让用户投诉变得更复杂，并且阻断了房东和房客之间的交流，那么这个项目就违背了公司的愿景。

一个组织的愿景也会影响这个组织的架构。苹果公司的愿景强调不断创新，就需要不断选择有创新能力的人来做

leader，并确保组织架构支持创新。例如，在《哈佛商业周刊》的"苹果：组织结构皆为创新"一文[7]中就提到苹果公司选择领导者的标准是有深厚的专业知识、对细节的专注以及合作性的辩论，而不是常规的实现数字财务目标的总经理。

有愿景只是建设团队的第一步，仅仅有听上去美好的愿景是不够的。为什么？举一个失败的案例，ofo共享单车的愿景是"不生产自行车，只连接自行车，让人们在全世界的每一个角落都可以通过ofo解锁自行车"。但ofo共享单车没有非常好的经济效益模型，赚不到钱，所以最后破产。因此，画完愿景的大饼之后，要带领团队去实现。如果没有阶段性地取得成果，展现实现愿景的可能性，团队很容易分崩离析。

从ofo共享单车的例子中，我们发现了解公司的盈利模式也很重要，盈利模式是愿景可行的基础。那么如何了解公司的盈利模式呢？关于盈利模式，我们在1.2.1小节中有介绍，简单来说，就是需要预测公司从哪些客户手里收钱，相应的成本又有多高，根据预测的订单量，总共会有多少利润，这些利润是否能够让公司自己造血从而可持续发展。只有盈利模式靠谱，这个愿景才有落地的可能性。

3.2.3 如何立项

有了愿景之后，下一步可以开始立项。立项的第一步是写好提案。这里建议学好一个工具——"One-pager"，它是立项时用的重点报告（通常是一页，所以称为 One-pager）。很多人提案时会有个误区，认为提案越长越好，甚至一下子写几十页。实际上，好的提案是能用一页纸清晰表达出项目的重点以及立案理由。因为人的注意力是有限的，用精简的话击中要点，能够让更多人听懂和支持这个方案。

下面给出一个 One-pager 的模板。大家可能会发现这个模板和红杉资本的商业计划书范本有相似之处，原因是在公司里立项和创业融资的思路类似，都是争取资源决策者的支持，需要论证项目的可行性和影响力。

> ### 立项 One-pager 模板
>
> - **项目目标：** 用一句话来描述项目的目标，而不是待办事项。
> - **问题：** 描述客户的痛点。今天如何解决这个问题，当前解决方案的缺点是什么？
> - **解决方案：** 为什么你的方案有独特的价值？为什么这个方案有长久影响？未来这个方案有什么潜力？
> - **为什么是现在？** 公司的资源是有限的，为什么需要现在做这个项目？为什么过去没人做过你的解决方案？

> - **项目的预期影响力：** 能够给公司创造多少价值。
> - **项目需要的资源和时间线：** 可以提供多种备选方案，比较不同方案之间的优劣。

3.3 如何得到创建新团队的机会

很多初级的职场人士有一个误区，即认为一个团队的组建是从石头里蹦出来的，团队 leader 都是直接任命的，有和无的界限非常清晰。实际上，根据 3.1.1 小节的介绍，组织是流动的，一个等级职能划分好的团队里也可以抽出一个小组去攻克新项目，在攻克新项目的过程中就组成了新的团队。

要想创建新的团队，有三个关键点。第一是识别这个组织里是否有诞生新团队的机会，我们可以用后面介绍的结构洞理论去衡量组织里的流动机会。**第二是要主动从 0 到 1 发起项目，组建团队。第三是要争取核心团队成员和相关合作方的支持**。下面我们就详细分析这几点。

3.3.1 结构洞理论：成为信息交换中心

一个组织诞生新团队的可能性和这个组织里面结构洞的数量息息相关。

首先来介绍什么叫作结构洞。结构洞的概念来自美国芝加哥大学商学院社会学和战略学教授罗纳德·伯特（Ronald Burt）的《结构洞：竞争的社会结构》一书[8]。结构洞指的是社交网络中没有直接联系的部分。例如，员工 A 和员工 B 之间认识，员工 B 和员工 C 之间认识，而员工 A 和员工 C 彼此不认识，只能通过 B 来传话，那么 A 和 C 之间就有一个结构洞。

图 3-6 中就是科技公司的典型结构洞案例。公司里有三个团队：产品团队、数据科学家团队、工程师团队。每个团队的人之间彼此熟悉，信息都只在自己的小圆圈里流动。在没有任何外界力量的情况下，很多产品信息只在产品团队内部交换，工程师团队其实并不知道产品信息。在这种情况下，A 点就是一个结构洞，如果你在开展项目时促进了三个团队之间的信息流动，起到了桥梁作用，你就提高了自己的影响力。

根据结构洞理论，个人在网络中的位置比关系的强弱更重要。因此，每个人应该识别所在公司团队的结构洞，让自己成为信息交换中心。

首先要发现和识别新的结构洞。结构洞理论的基本假设是同质的、重复的网络不能带来信息的增加。因此，如果团队中已经有人把某个群体的信息交换效率提高起来，你想加进去做同样的事情，对于整个网络的附加价值就没有那么高了。你可以采访不同团队的人，了解他们的信息盲区，然后识别组织中信息流动效率低的地方。

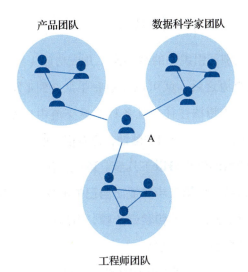

图 3-6　科技公司的结构洞示例

找到了结构洞，具体应该怎么做呢？你可以帮助各个团队加速信息流动，创造价值。回到图 3-6 的例子，你可以帮助三个团队交换信息，让信息传播变得更紧密。具体的方式包括把产品团队的人邀请到工程师团队做讲座、把三个团队的人拉在一起搞头脑风暴等。如果你能经常组织一些交流信息的活动，就能为组织创造价值。

那么又有人问了，我多认识一些已占据结构洞的人（也就是"社交达人"或者"大佬"），就可以了吗？答案是否定的，根据结构洞理论，离信息交换中心近并没有什么用处，因为你还是在消费信息，没有提高信息的交换效率。

3.3.2 从 0 到 1 发起新项目

当你识别了组织中的结构洞，并成功成为桥梁加快了组织的信息交流之后，就可以开始着手从 0 到 1 发起新项目。这些新项目的想法往往会从各种信息交流中自然碰撞而出。但是，要想真正让一个想法落地，还有很长的路要走。

发起项目的过程分以下几步。首先，第一步是理解公司团队的战略目标；第二步是提出自己的方案，关键是简单明了，梳理清楚关键假设和验证步骤；最后一步是不断打磨方案，争取相关合作方的支持。

对于第一步，理解公司团队的战略目标，我们在 1.3.3 节中有介绍。你需要了解公司未来的发展方向，预测公司未来的盈利目标和增长目标，结合公司的资源和组织架构，判断出能够落地的高优先级目标。

对于第二步，提出自己的方案。你需要根据公司的目标，找到一些值得解决的问题，再根据问题提出一个解决方案。这里最难的是找到值得解决的问题，你可以通过用户调研和数据分析来论证你找到的问题的重要性。

对于第三步，不断打磨方案，本小节会详细介绍。打磨方案的过程非常重要。很多人对于和别人交流方案有很大顾虑，一方面是担心别人抢走自己的想法，另一方面是觉得方案要打磨好才能拿出来，最好是可以直接出大招。这样的顾虑往往会带来闭门造车的后果。

实际上，在公司内部，很多想法听上去十分新颖，但是往往团队之前都已经考虑过，并不是说谁提出一个想法这个项目就是谁的。提出一个想法，就类似于一个"猜想"，这个"猜想"只有开始验证，得到证明，才会分功劳。

你需要关注的是提高"证明猜想成功"的概率。我曾经见证过很多很好的想法都不是第一个团队第一次做就成功实现落地的，真实的情况是第一个团队做完发现做偏了没有效果，然后团队资源用光、被解散。过了一段时间后第二个团队过来做同样的想法，换了一种方式，快速验证得到了阶段性成功，然后又申请更多资源把项目做得更大。

具体打磨的步骤也可以包括以下几步：先和 leader 身边的得力干将讨论一遍，得到认可后搜集更多的信息之后再跟 leader 提出想法；然后你可以跟 leader 平级的人讨论，再打磨一遍方案；最后跟 leader 的 leader 提，根据他的建议最终完善方案。这个过程中要眼观六路，耳听八方，把自己的方案和组织的战略目标相结合。

3.3.3 选择 1+1>2 的核心团队成员

项目的成功需要团队合作，选择靠谱的团队成员非常重要。从写项目方案开始,你就要寻找潜在的合作对象。这和创业公司选择合伙人的方法差不多,你需要选择能力匹配这个项目的人,并且确保他们对这个项目感兴趣。

如何发现靠谱的合作伙伴?一种方式是找和自己有过合作并配合默契的同事,另一种方式是找别人推荐的口碑好的同事。这两种方式都需要你去主动创造和别人合作的机会。

如何发现这个人是否对这个项目真正感兴趣?你需要从一开始设计方案时就和这个人讨论,并且尽量在项目早期合作来获取一些数据,验证一些假设。如果这个同事愿意在工作之余对这个项目进行额外的投入,就说明他确实有兴趣。

在组队过程中新手经常会碰到一些坑。例如,项目发起之后得到了 leader 的重视和关注,一些人因为这个项目名气大、高层重视而加入,但是他们对这个项目的期待是快速得到成果,给自己的简历贴金,并不打算长期投入。这样的机会主义者往往在项目稍稍不顺时便开始寻找新的机会,没有办法沉下心来和项目一起成长,他们的三心二意往往会让项目延期。

3.3.4 争取相关团队支持

等到项目正式立项,核心团队确认之后,万里长征才迈出了第一步。在项目开展的整个生命周期中,你都需要主动管理相关利益方,让他们配合你的项目,了解你的项目进展。

在管理的过程中,你会发现每个利益相关方的特征都不

第 3 章 带领团队：影响更多人

一样。有的人可能对项目很感兴趣，但是他们并不出力，总是和他讨论会拖慢项目的进度；有的人非常繁忙没空跟进你的项目，但是他们的权力很大，能够调配和影响项目上的资源。

为了高效和有效地管理相关利益方，你可以如图 3-7 所示把相关团队人员按照权力大小和利益高低划分为四个象限。

（1）对于利益影响程度高并且权力相对较大的伙伴，例如项目的负责人和资助人，你应该重点管理，保证他们对于项目方向的认可和支持。

（2）对于利益影响程度高但权力相对较小的伙伴，例如项目成员和依赖方，你可以对他们随时同步信息，确保他们理解项目的决策方向，帮助他们了解项目的进度。

（3）对于利益影响程度低但权力相对较大的伙伴，例如业务线的负责人，你可以定期同步信息，确保他们满意。

（4）对于权力较小并且利益也不相关的伙伴，你可以对他们保持关注，考虑他们的建议和投诉。

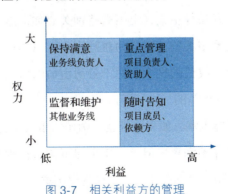

图 3-7 相关利益方的管理

3.4 如何带领团队取得成功

组建团队后，第一重要的是明确团队的愿景，这一点在 3.2 节中已经提到，愿景是团队的基石。除此之外，第二重要的是采取正确的方法带领团队完成任务，其中主要需要激励团队成员，解决项目中的冲突，给团队成员反馈。

3.4.1 如何激励人

要激励别人，首先应该了解员工的满意度和什么相关。 这里介绍一个双因素激励理论，这个理论是由美国行为科学家弗雷德里克·赫茨伯格（Fredrick Herzberg）在 20 世纪 50 年代提出的，他和助手采访了美国匹兹堡地区 200 多名工程师和会计师，得出了员工满意度与两个因素相关的结论。

赫茨伯格的双因素激励理论提出，一个人的工作满意度主要源于两个影响因素。其一为保健因素，公司福利特别好，同事特别友好和尊重人，上下级特别关心你，这些都是与工作环境和关系相关的；其二为激励因素，包括让你特别有成就感的东西，成长的机会，对于公司使命的认同感，这些都是与工作内容相关的。

对于保健因素，如果特别差，例如同事关系特别不友好，会让人对工作不满意。但是，如果同事关系特别好，而工作本身特别无聊，也不会让人对工作变得满意。

第 3 章 带领团队：影响更多人

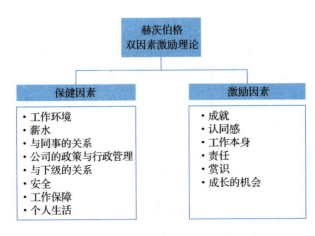

图 3-8 双因素激励理论

对于激励因素，如果公司在这方面做得特别好，例如工作成就感高，会让人对工作的满意度上升。要调动人的积极性，就要在激励因素方面下功夫。你需要了解团队成员的成长背景，知道什么样的事情会让人有成就感。例如，有的员工喜欢做有创造力的事情，策划新方案、解决未知问题会让他有成就感；而有的员工喜欢解难题，给他一个已知的困难问题让他解决，他如果能够解决这个问题会很有成就感。

在激励员工的时候也要注意方式方法，论功行赏，这样才能调动大家的积极性。举例来说，如果你在项目的感谢名单中着重列出了一个人，并写出这个人提供具体帮助的小故事，那么对这个人就是非常强的激励。但是，如果你的感谢名单有 100 个人，连一些消极怠工没有出力的人也包括进来了，基本上就失去了激励作用。

另外，学界对于驱动人的理论有很多研究，赫茨伯格的双因素激励理论和马斯洛的需求层次模型虽然细微结论有差异，整体的核心是一致的：**让一个人实现自我价值是让人最有动力的方法。**

3.4.2 如何解决项目中的冲突

组建了团队之后，可能会发生很多冲突。**在科技公司里，有以下三种常见冲突：**

- **资源分配冲突：** 一个项目立项时分配好了人力资源，但是过了一段时间之后，有第二个更高优先级的项目也要开展，第二个项目要调用第一个项目的资源，并且会严重影响第一个项目的进度。
- **功劳分配冲突：** 一个项目同时有几个负责人，这几个人彼此不服，都觉得自己是项目最大的贡献者。
- **职责分配冲突：** 一些项目的边界定义不清晰，同时有两个团队在做类似的事情，彼此之间的职责有重叠。

解决这些冲突的关键是梳理好事实和双方的诉求，然后最大化争取自己的利益，并促进双赢。 如图 3-9 的例子，两个人在同时抢一个橘子，常见的方法是"双方各退一步"，橘子从中间切开一人一半。但这个简单粗暴的方法是错误的。

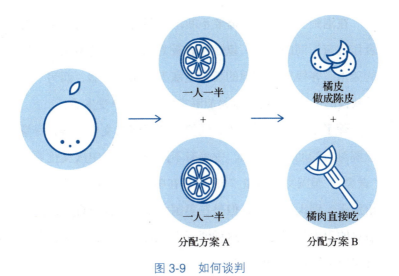

图 3-9 如何谈判

为什么不应该简单地"双方各退一步"？在 FBI 谈判专家 Chris Voss 的《千万不要各退一步》（*Never Split the Difference*）一书[9]中，谈到很多人质谈判的场景，对于人质谈判来说，谈判专家必须确保人质解救这一谈判目的完全达成，不能缺胳膊少腿，更不能跟绑匪说人质一人一半。在实际的工作场景中也是类似的，如果简单地"双方各退一步"，实际情况是两方都觉得委屈，自己的情感和诉求没有被听到，利益受到了侵犯。

回到上面分橘子的例子，我们可以梳理一下两方的需求，发现一个人的实际需求是用橘皮做成陈皮来泡水，另一个人是想吃橘肉。我们把橘皮和橘肉分别给两个人，就能解决冲突。

在遇到冲突时，你需要不断地了解对方的需求。不同的合作方有不同的需求。以客栈老板为例，不同的员工有不同的需求。客栈里的厨师的需求是涨工资和多放假，而另一个不缺钱的员工的核心需求是能够实现自我，享受生活。

除了了解对方的需求，还要了解不同的文化差异，尽量理解对方的动机。例如，中美有不同的文化，中国文化看重"谦虚"，美国文化看重"自信"。在中国文化下，把机会谦让给别人，别人会推辞，但是在美国文化下，你一谦让，别人会真的以为你不行。在这种情况下，应该更多去表达自己的真实想法和假设，解决冲突。

另外，我们还应该注意划清职场中的界限，不是所有的需求都是应该去满足的。受人尊重比讨人喜欢更重要。

3.4.3 如何给团队成员反馈

团队管理的核心是按劳分配，人尽其才。 SAS 软件公司的前人力资源负责人 David Russo 谈道："我不认为你可以从根本上管理一个人的表现，我认为你可以观察结果，你可以设置短期和长期目标，然后退回去看这个目标是否会达成"[10]。

根据团队成员的绩效表现和发展潜力，我们可以把成员分到图 3-10 所示的 9 个不同的区间。对于绩效表现好、发展潜力大的超级明星员工，我们应该给予自由度，让他们充分发挥主观能动性。而对于绩效表现差、发展潜力大的成员，我们不应该全盘支持他们所有的想法,而应该多观察,帮助他们设定合理的目标。

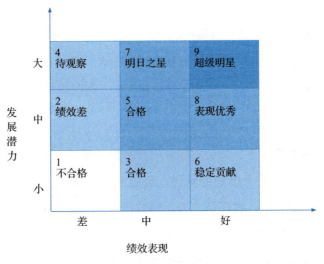

图 3-10 潜力与绩效评估

对于绩效表现差的情况,我们应该具体问题具体分析,对团队成员给予有建设性的反馈。例如,某个成员无法按时完成任务,即使加强了沟通,每周都问"你下周能完成吗",该成员每次都表示可以,但是执行的时候总是会遇到一些看似无法避免的意外,最终这个成员的项目进度还是没有进展。

对于这件事情,我们首先应该换位思考一下。如果你在一个团队工作,在什么情况下你会掉链子,完成不了承诺的事情。答案是有很多可能：

- 确实能力不够，但是不敢说出自己不会的事实，想打肿脸充胖子。
- 确实能力够，但是认为这个项目不重要或者不紧急或者没前途，没有花足够的精力在这个项目上。
- 确实能力够，但是工作负荷太大，同时兼顾几个项目，效率变低。

这种情况下，我们不应该只是多问几遍"你下周能完成吗"并得到一个虚假的承诺，而是应该了解这个任务具体实施中的困难，在任务完成中的关键节点上确保提供足够的支持。

另外，我们还要避免微观管理。什么叫微观管理？就是对于每个步骤都进行监视和评估，这会严重降低知识型员工的主动性，因为大家会觉得自己的专业能力没有得到信任，也没有自由发挥的空间。我们应该鼓励团队成员主动沟通项目的进度和遇到的困难，而不是被动地等着 leader 来问。

除了在团队成员表现不好的时候给予反馈，在团队成员表现优秀的时候我们也应该给予赞扬和奖励。

在具体给予反馈时也要注意方式方法，最重要的是识别对方是否在能接受反馈的状态。人际关系里面有一些规律和物理学原理一样有律可循。举例来说，拉近人与人之间的距离的主要方法是让彼此意识到两者的共同之处。第一种方法是找到两人的相似点,例如相同的学校、家乡、爱好都会让人产生亲切感。第二种方法是分享自己在相似情境下的感受,例如分享同样本科通宵赶项目的经历和感受,能够拉近人与人之间的距离。

关于具体发现人际关系规律的方法,也需要我们不断练习和体会。斯坦福商学院有一门很受欢迎的课程"人际关系动力学"(Interpersonal Dynamics),这门课程把参与课程的人分成12人一组,沉浸式待在一起交流几天,学习人与人之间情感的原理。读者可以参考这个课程的内容,多和不同的人进行交流,了解不同人的想法和角度。

3.5 组织架构调整:是挑战更是机遇

科技公司的组织架构调整频繁,对人的职业发展影响大。比如,加入公司两年就换了4个leader。换leader最大的一个困难就是之前定好的职业发展计划被打断,需要重新规划。

这个故事让我联想到《武林外传》里的衡山派弟子。他们的掌门人莫小宝意外去世,群龙无首,按照继承的规矩,整个门派传给了十几岁的莫小贝。

这种管理层换血的情况就是组织架构调整,英文叫作

Reorganization,简称 Reorg。在《武林外传》的故事中,因为换了掌门人,衡山派的弟子不得不开始重新调整业务,每天的任务是给莫小贝买糖葫芦、陪她玩。

现实生活中的例子虽然没有电视剧中那么富有戏剧性,但是确实组织架构调整的发生有一些偶然性因素,不确定性很高。这样的不确定性让很多刚刚开始工作的年轻人很慌张。

我曾经在一家独角兽公司工作,该公司的创始 CEO 迫于投资人的压力,选择在 6 月退休,而公司在 8 月才找到接任的 CEO。我在见证了管理层换血和组织架构调整并最终公司成功上市的一波三折之后,对于组织架构调整有一些独特的看法,下面主要想跟大家讨论三点:

- 公司在什么情况下会进行组织架构调整。
- 如何在组织架构调整中降低自己的损失。
- 如何在组织架构调整中找到新的机遇。

3.5.1　公司在什么情况下会进行组织架构调整

大家经常碰到的一个误区就是以为进行组织架构调整就意味着公司的前景渺茫,自己的工作成果马上就要付之东流。但是,事实上有对公司利好的架构调整,也有对公司不好的架构调整。

首先,讲一下什么是对公司利好的架构调整。举个例子,比如2012年脸书公司收购Instagram时，Instagram只有13个员工。Instagram被收购后，有更多钱、资源和招人名额。员工如果能够把握好机遇，就可以实现更大的职业目标。

什么是对公司不好的架构调整？这里主要有三种情境：（1）商业模式有问题，通过架构调整来救火；（2）行业整体下行，通过架构调整在短期内提高股价；（3）为了追热点，开展难以落地的新概念项目。

第一种是商业模式有问题的情况。有些行业的商业模式不靠谱，公司是催熟起来的，自己没办法造血。比如美团收购摩拜之后大批裁员，再比如瑞幸咖啡的商业模式无法持续，公司管理层不断动荡。

第二种是行业整体下行的情况。加州大学伯克利分校的教授尼尔·弗雷格斯坦（Neil Fligstein）统计了1984年到2000年期间62个美国行业的数据，发现一个有趣的现象，有的行业本身利润在下行、不景气，管理层会使用裁员、组织架构调整、收购来提高股价，甚至进行这些操作的管理层会升职。

但是该研究表明，无论管理层怎么操作，能够影响的只是短期股价，这些操作对于公司是否盈利没有帮助。

第三种是追热点的情况。比如，新空降的管理人员想干点政绩工程，希望跟新概念沾边（比如几年前的云，现在的人工智能、机器学习），就做一个偏形式上的调整，稍微挪动些人，建立一个新部门。但很多时候，如果这个新部门没有提供真正的商业价值，后面会再次被调整。

最后，想补充一点，好与不好是动态的，需要看外界条件。比如，资本市场对社交特别看好的时候，谷歌公司可以开一些"登月计划"，比如 Google+ 曾经是谷歌公司投入最多资源的项目之一。但是，当经济增长放缓时这些高投入的项目就可能遭到削减，比如谷歌公司的新 CFO 上台就砍掉了很多前沿项目，大家戏称，公司为了省钱，食堂里提供的牛肉都变成了鸡肉。

3.5.2　如何在组织架构调整中降低自己的损失

在组织架构调整中有哪些常见损失，又该如何降低自己的损失呢？

第一种损失就是你之前做的项目被砍掉，努力付之东流。这种情况下的应对策略是针对之前这个项目，记录下自己的贡献，并且尽可能地展示你从这个项目中学到的经验对新方向有哪些帮助。

第二种损失就是你之前的合作伙伴走了，需要和新人重建信任。比如说，直线上级离开，核心合作伙伴离开，这样不仅影响项目进展，还会让你损失之前建立好的口碑和信誉。这种情况下，你需要重新证明自己一次，忙活了两年可能和新入职的同事还在同一起跑线上。

想要解决这个问题,最重要的就是你需要有意识地在职业早期降低对于某个具体公司和组织的依赖。举个例子,如果你是做支付系统的,那么可以活跃地在相关的论坛上展示自己的成果,和行业内其他公司的同行交流,在整个行业建立自己的口碑。这样的话,无论组织如何变化,你都能够通过行业对你的认可,快速建立信任。

第三种损失就是你为这个项目积累的技能点彻底没有用武之地了。对于这种情况,你需要经常地去了解这个行业,这个市场到底需要什么样的人才?即使没有跳槽的打算,也可以去其他公司面试,实时了解自己在市场上的行情,调整自己的技能树的方向。

3.5.3 如何在组织架构调整中找到新的机遇

那么如何在组织架构调整中找到新的机遇呢?

首先要跟大家讲的就是我对于组织的看法,我认为组织本身是流动的。常见看法是组织就像图 3-2 所示的等级型组织架构一样,层层架构,职责分明。

但是,我认为组织并不是一个固定的结构。特别是在科技公司中,因为市场和业务线经常调整,经常会由跨级别和部门的人员组成一个扁平化的小组,就像图 3-4 所示的混合型组织架构一样流动起来。

那么这个扁平化的小组可能会比一个结构明晰的树状

组织的最终影响力更大。如果扁平化的小组的持续效率比树状组织高，那么扁平化组织也可能会进化为实质上的组织架构。

在组织流动的过程中，你可以观察一下"水势"是往哪里流动的，以及流动的驱动力是什么。在这个过程中，你可以"顺势而为"。比如提前预测组织架构如何调整，随机应变。

下面简单谈一下组织会向什么方向流动，什么样的方法会帮助你在组织架构调整中脱颖而出。

第一种方法是预测公司未来的业务重点。

比如说，作为公司内部员工，其实你是能够通过一些数据来自己预测公司前景的。拿共享单车来说，作为员工，你可以根据每个城市共享单车的数量、单车损坏成本、每日单车使用的频率来自己预测公司的商业模式是否靠谱。

如果商业模式不靠谱，那么最好是早日跳槽，而不是等管理层束手无策，被动调整组织架构"乱求医"。

如果公司的商业模式靠谱，那么接下来可以判断你所在的业务是在增长期还是成熟期。

如果你所在的业务在疯狂增长中，你可以判断增长是否可持续，如果可持续，你可以看看竞品在做什么，预测更多新的增长点。如果你可以提出自己的独特方案，知道新方案需要什么资源，并且在组织内有一定的影响力，就可以在组织调整早期有效推进你的方案。

第二种方法是识别组织运作中低效率的环节。

如果你所在的业务在稳健发展或者下行。那么组织架构调整更多是为了提高组织运作效率。

下面有一些低效的例子：

（1）某一个任务只需要一个经理就足够了，但是由于历史原因，有两个经理在一起做，两个人常常想法不同，最终使得做好的决定反复推翻重来，其他合作方也不知道应该找谁拍板。

（2）某一个问题，A组已经有成熟的解决方案，并且服务了其他10个组，但是，B组又自己重新造了一遍轮子，还需要5个人长期去维护这个轮子。

这些低效的环节都有组织架构调整的可能。在很多候选人中，被公司和组织更加信任以及性价比（能完成的任务/薪水级别）更高的人有更大机会在组织架构调整中竞选成功。当然，公司越大，对于低效的忍受度越高，具体发生组织架构调整的时间线较难预测。

第三种方法是预测什么样的 leader 最适合公司发展。

组织是动态变化的，不同时期也需要不同的 leader。加州大学伯克利分校尼尔·弗雷格斯坦教授的研究[11]中显示了一个规律：公司的 CEO 背景由公司需要的重要资源决定。

随着经济的发展，20世纪初期，公司的 CEO 背景从制造业逐渐转移到销售和市场。而到 20 世纪后期，因为很多公司变大后都会投资很多产品，公司需要更好地管理财务收益，所以开始选择有财务背景的 CEO。

那么具体到科技业的部门，不同的业务也需要不同的 leader。有的业务需要给用户创造独一无二的体验，比如 Airbnb，那么有设计背景的 leader 更适合这个业务。而有的业务是数据驱动的，比如亚马逊公司的配送业务，多花一毛钱可能就要赔本，那么有技术背景的 leader 更适合这个业务。

如果让一个特别关注用户体验的人去做给业务优化成本的事情，而这个人自己对此不感兴趣，做出来的效果也不好，肯定不可持续。

在这个过程中，如果你能证明自己是适合某个方向的 leader，也可以毛遂自荐。

回到 3.5 节开头的《武林外传》故事的例子。如果你是衡山派弟子，组织突然变动，leader 从莫小宝换成莫小贝，你先不要慌，莫小贝可能只是来打酱油的，她还要回去好好念书，听佟湘玉的话。

你可以综合分析一下衡山派的商业模式和竞争优势，预测未来衡山派人和业务的长期走向，把握一些新的发展机遇。

3.6 本章行动清单

1. 画出你们公司的组织架构图，思考为什么形成了这样的组织架构。

2. 跟你的同事和老板讨论目前组织架构的优缺点。

3. 找找你身边有哪些结构洞，你要如何成为信息的交换节点。

4. 回忆上一次你面对冲突是什么场景，你是怎么解决的，你现在是否有更好的想法。

第 4 章

赋能行业

创造长期价值

第 4 章

前面几章重点讲了应该如何找到成长期的公司，提高个人能力并且带好团队。之前的视角更多是针对当下的条件来规划。

我在领导力课程中调查了大家 10 年后的职业目标，有一半人希望能够在大公司做高管，另一半人希望能够自己创业。如果你只针对你所在的公司优化自己的策略，那么往往会陷入局部最优解，没有根据行业来优化全局。而如果要从更长的几十年的职业生涯视角来完成更大的目标，还需要站在更高的行业视角来规划自己的职业目标。

首先谈谈什么是行业。行业指的是从事相同性质的经济活动的所有单位的集合。这个概念在科技行业的语境下可以分拆到各个不同的细分行业，例如生物科技行业、人工智能行业、信息安全行业、消费科技行业等。

为什么要讨论行业？不同行业的发展规律是不同的，例如生物科技行业周期较长，一款新药研发出来需要经历多期临床试验，从研发到落地需要几年甚至十年的时间。罗氏制药的一份宣传册上就写道，药物从最初的实验室研究到最终上市销售平均要花费 12 年时间，需要经历 6587 次科学实验，投入 423 名科研人员，最终产出只是一种药物。而消费科技行业则迭代非常快，相关厂商每年会推出多款新的手机或智能手表。

行业的选择对人的影响非常大。不同的行业都有自己独有的知识体系，要从一个行业跨到另一个行业，往往意味着职业生涯的重启，过往的经验很难带到新的行业。而对于个人来说，每次职业转型，平均都要花 3 年左右的时间。一个人能够做决策转型的次数其实不多。在一个十年的跨度层面来说，大的试错机会只有三四次。

那如何能找到适合自己的行业并在行业中建立自己持续的影响力呢？

首先我们要树立一个长远的目标。很多人认为不需要树立长远的目标，照着主流的路走就可以了，就像上完小学之后上中学，上完中学之后上大学。但是，这只是像图 4-1a 所示的"想象"中的新手村外的场景，除了新手村，就是中级场，打完中级场，就是高级场。

真实的世界则更像图 4-1b 中描绘的场景，出了新手村，就是混沌的世界。你的周围有湖泊、草原和沙漠，你可以选择划船过湖泊，也可以选择骑马过草原。而每个人会走向不同的目标,可以选择去滑雪,也可以选择去坐过山车。如果你特别喜欢玩碰碰车,就不需要往滑雪场的方向走。

a)"想象"中的新手村外的场景

b)"现实"中的新手村外的场景

图 4-1 "想象"与"现实"中的新手村外的场景

在确定完长期目标之后,下一步是积累自己在相关领域的经验,建立自己的衡量体系。 当你在行业内有一定影响力之后,你会发现个人目标实现与否不会和单一的公司绑定,可以更好地降低风险,实现自己的价值。

4.1 科技行业的职业发展规律

要规划自己在行业中的职业目标,首先我们需要了解科技行业职业发展的规律。科技行业的职业发展和其他行业的职业发展相比有一些区别。

一些行业需要相关学历和背景才能入门,例如金融业和咨询行业,本科是否来自顶尖名校非常重要,有些特定的部门只招清华、北大级别的学生。这些行业看重学历和背景的原因是这些行业中好的岗位很稀缺,求职的人又很多,只能靠学历等条件来筛选。

而科技行业的职业发展更多是"英雄不问出处",科技行业更看重一个人的能力和过往成功经验。其主要原因是科技行业发展很快,有很多新兴机会,一些今天看起来很好的公司可能在几年前很难招人。一些学历背景一般的人可以通过把握机会、积累经验来得到锻炼,从而获得较好的发展。

下面我们就来谈谈科技行业职业发展的趋势。主要分成三点:公司核心管理层需要掌握特定的技能,职业发展是非线性的,从 0 到 1 的重要创新项目对人的职业发展很重要。

4.1.1 公司发展阶段不同，管理层需要的素质也不同

有一句古话叫"行行出状元"，指的是不论干哪一行，只要热爱本职用心去做，都能做出优异的成绩。这句话挺有道理，职业不分高低贵贱，都有意义。

但是，如果我们单从大型公司 CEO 的角度来看，就会发现公司内部不同的职位方向最终变成核心管理层 CEO 的概率是不一样的。根据加州大学伯克利分校尼尔·弗雷格斯坦教授在 1987 年发表的研究[11]，他统计了美国 100 个大型公司的数据，发现公司 CEO 的背景和公司需要的稀缺资源非常相关（见图 4-2）。如在 1919 年到 1929 年期间，制造业发展迅速，CEO 的背景以制造业为主并且需要有企业家精神。著名的"钢铁大王"安德鲁·卡耐基的事业巅峰也在 19 世纪末到 20 世纪初。而在 1929 年到 1959 年期间，当民众的收入增加而有更多消费能力时，就需要市场营销背景的人当 CEO，前百事可乐 CEO 约翰·斯卡利就是市场营销专家。

图 4-2　传统公司 CEO 背景变迁规律

"股东利益至上"的理论让更多有金融背景的人担任了

CEO。在今天，有金融背景的 CEO 的比例占到上市公司的五分之一左右，如 Uber CEO 曾担任 IAC 公司的 CFO，具有金融背景。为什么会有这样的趋势？其主要原因是公司制度的发展，20 世纪以来 CEO 的股权激励占工资的比例越来越高，CEO 和管理层在执行方案时要关注股东利益，而有金融背景的 CEO 能够通过各种并购等财务工具来提高股东回报。

从上面的分析我们可以看出，公司的 CEO 是由股东任命的，谁拥有可以提高股东利益的稀缺资源，谁当上公司 CEO 的可能性就更大。很多人又要说，我的目标不是当 CEO，那么还需要关注不同的职业发展的区别吗？也需要关注，不同的人担任 CEO，对于公司的人才选拔和晋升机制有深刻影响。金融背景的人担任了 CEO，说明董事会对于公司的盈利能力非常关注，那么选上来的 CEO 也会更加重视能够给公司快速盈利的项目和部门，会发更多奖励给进行并购等财务操作的管理人员。技术背景的人担任了 CEO，说明董事会对于科技创新更加关注，希望公司技术有突破性进展，对于短期盈利能力并不十分担忧。

对于科技公司来说，CEO 背景的趋势又和图 4-2 中大部分传统公司 CEO 从制造业背景转变成市场营销背景再到金融背景有一定差异。主要的差异点在于，越是早期的成功硅谷科技公司，其 CEO 很少有金融背景和市场营销背景，这些早期的成功创业公司的 CEO 的背景主要是技术背景和设计背景。

第 4 章 赋能行业：创造长期价值

这两种背景反映出早期创业公司要想成功，主要依赖于两种模式：提供比别人好十倍的技术，提供比别人好十倍的体验。对于技术背景的 CEO，他们往往对于创新的技术有深刻的洞察力，能够带领团队做颠覆性创新，如英特尔公司的创始人戈登·摩尔是半导体行业的专家，他提出了著名的摩尔定律。对于设计背景的 CEO，公司主要的核心竞争力是提供极致的用户体验，例如 Airbnb 的 CEO Brian Chesky 就毕业于罗德岛设计学院。

对于成熟期的大型科技公司，因为要追求"股东利益至上"，金融背景的 CEO 比例会逐渐上升。但是，如果企业所在的行业有创新型技术突破，金融出身的 CEO 就很有可能会被替换掉，因为公司更需要一个懂技术的人来带领创新。例如，2021 年 1 月，英特尔公司宣布任命技术背景的 Pat Gelsinger 担任新的 CEO，他在英特尔有长达 30 年的工作经验，是最初 80486 处理器的架构师，而他的前任 Bob Swan 是一个金融出身的 CEO，只在英特尔公司担任两年 CEO 就离开了。

上面的分析对于我们有什么启示呢？**职业发展不仅要靠努力和热情，更要看选择的赛道和个人特长的匹配度。**

对于个人来说，你需要选择真正重视你所擅长技能的行业和赛道，这样才能够发挥个人最大的影响力。 例如，如果你擅长设计，那么你更应该选择重视用户体验的科技公司，而不是忽视用户体验靠低价吸引用户的公司。如果你擅长开发大数据算法,那么更应该选择重视科技创新的公司,而不应该选择在依赖大客户"旱涝保收"的低技术公司工作。

4.1.2 职业发展不是爬梯子

在大家谈论自己的职业发展规划时,经常会听到这样一种类型的爬梯子标准答案:

- 第 1~5 年:加入大公司,学习基础知识。
- 第 6~10 年:加入成长期公司,当上高管。
- 第 11~15 年:创业或者做投资人。

这里有一个错误的假设,即将职业发展想象成游戏升级,升完第一级之后才能升第二级,一定要先在大公司任职,再在成长期公司当上高管,才能够开始下一步创业或者做投资人。

实际上,在大公司升职,在成长期公司当上高管,创业或者做投资人,这些都是不同的游戏,我们可以将在大公司升职比作围棋游戏,在成长期公司当高管比作三国杀游戏,创业比作荒野求生游戏。

在大公司升职是一个求局部最优解的过程,很多时候大公司为了短期的财务利益,会有一些短期重点项目,做完这些项目非常有助于升职,但是对于积累技术创新经验没有什么帮助。如果你把在大公司升职当作创业的先决条件,那么你就没有足够的精力去寻找自己创业上的全局最优解。

如果你的长期目标是创业，那么应该在职业生涯早期就开始多寻找自己感兴趣并且能够创造价值的领域。你可以通过各种途径找到志同道合的小伙伴，在工作之余尝试一些小的项目，验证自己的想法和市场的契合度。

如果你的长期目标是做早期投资人，也应该尽早意识到这件事情并不需要当上企业高管才可以开始。早期投资人的核心差异化价值是给创业公司提供咨询，如果你对某一个技术领域特别精通，那么你的价值比一个不相关行业高管的价值更高。

为什么大家喜欢做爬梯子式的规划，认为要完成任务 A 和 B 才能开始 C？这里的主要原因是自己定义答案需要承担风险，大家倾向于遵循一个口口相传的标准答案。另一方面，我们大多数人往往认为只有把当前的事情做到最好或拿到最高荣誉，才能够为下一个目标打好基础。然而，扎克伯格并不需要先当上谷歌公司的副总裁，然后才能当上脸书公司的 CEO。

实际上，真正重要的是明确自己的长远目标，然后根据长远目标需要的技能和经历倒推回自己目前的小目标。你可以同时推进几条任务线，直至到达最终的目标。

4.1.3 抓住从 0 到 1 的重要机会，你的职业生涯会有跳跃式进展

当我们知道职业发展没有标准答案之后，如何提高自己

找到自定义答案的效率呢？这里有一个小攻略，你可以多多抓住从 0 到 1 的重要机会，多锻炼自己独当一面的能力。

为什么从 0 到 1 的机会重要？从 0 到 1 的机会意味着有更多的未知和不确定性，在这个机会中任务和职责定义都不明确，能够锻炼一个人独当一面的能力，帮助一个人综合地提高对于产品、技术、市场的判断力。

我的一位技术总监朋友谈到他在筛选候选人时的一个条件是要求候选人对于过往项目有深刻的认识，而不会只凭候选人是否在知名项目上挂名来判断。他面试了很多候选人，有一些候选人虽然级别很高，但是讲不清楚自己的项目为什么立项、其中遇到哪些挑战、自己的独特贡献，那么在面试时还是会被淘汰。

4.2　找到你的长期职业目标

当我们了解职业发展的规律之后，我们需要找到自己的长期职业目标。

为什么找到长期职业目标重要？ 长期职业目标体现着我们对于自己人生意义的理解。如果谈到短期的职业目标，你会发现你的目标和身边的朋友或同事有很高的重合度。但是如果你重新审视自己的长期目标，你会发现每个人的长期目标都是不同的，你和身边人的竞争关系并不大。只有找到自己的长期职业发展目标，才能够让自己有动力。

每个人的长期目标有多不同？ 美国麻省理工学院斯隆商学院的 Edgar Schein 教授提出了职业锚理论，他认为每个人所看重的职业价值是不一样的。职业锚如图 4-3 所示分成八种类型。有些人特别看重职业行业的安全性和稳定性；这些人更关心财务回报，能够完成老板交代的工作，而并不关心具体的工作内容；还有些人看重创造和创业价值，他们喜欢从 0 到 1 去创造一个事物，更倾向于做一些更有创新性的工作。这些类型没有高低之分，更多反映了个人偏好，在组织中能够互补。

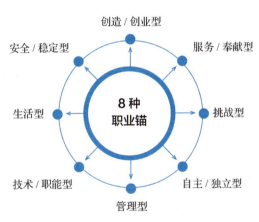

图 4-3　职业锚理论

我在领导力课程中调查了大家的职业锚测试结果，发现大家的类型分布非常均匀,即使在有意愿自我提升的这部分人群中,还是有不同的价值观。

当你了解了自己的价值观之后,如何了解自己具体对什么样的细分行业和目标感兴趣呢?下面介绍斯坦福大学"21世纪退休计划"(Planning for 21st-Century Retirement)课程中提到的探索方法,你可以找一个朋友,你来扮演采访对象,你的朋友扮演采访者,你想象十年后自己已经完成职业目标,和采访者分享你的经历。下面的采访提纲能够帮助你想象未来成长过程中具体需要完成的阶段性目标,也能让你感悟到真正让你开心和激动人心的时刻是什么。

采访提纲

- 采访对象任务:
  - 想象在十年后,你已经完成了你的职业目标,分享你的经历。
- 采访者:
  - 取得了这些成就,你有什么感受?
  - 你的职业生涯有什么经历?
  - 再多聊聊。你现在做什么?你在哪里?
  - 你的职业生涯完成了哪些大的里程碑?你做了什么达到这些里程碑?

- ○ 哪些人在这一路帮了你？
- ○ 什么东西或者哪些人激励了你？
- ○ 你遇到了哪些挑战？
- ○ 你遇到了哪些或大或小的风险？
- ○ 现在你已经完成了你的职业目标，你有什么建议给 5 年或 10 年前的自己？
- 总结讨论：
  - ○ 采访对象：
    - 你有什么感受？
    - 你有什么新的感悟？
  - ○ 采访者：
    - 你可以给采访对象 1 到 2 条建议吗？

完成探索之后，我们再看看大家的长期目标，会发现这些目标不再是短期内的升职，而在细分行业和目标上有很大差别。

- 有的人认为技术更重要，希望能够花十年时间打通人工智能的技术栈，紧贴科技和市场，做一名技术型创业者。
- 有的人对风险管理更感兴趣，希望能够在十年后成为风险管理专家，对新兴的商业模式提供有洞见的创新视角。

- 有的人对于环境保护非常感兴趣,希望能够创造一个对环境友好并且能够盈利的商业模式。
- 有的人对于连接不同的资源很感兴趣,希望能够提供人与服务或商品的链接,通过投资或创业提升社会运行的效率。

4.3 了解时间对行业的影响

找到自己的长期职业目标之后,你还需要了解时间对行业的影响,明白如何把握时机,设定合理的阶段性目标。

为什么了解时间的力量很重要?一项技术被广泛推广,不仅仅需要算法研究,还需要其他方面多个条件的成熟。

神经网络的发展历史就是一个很好的例子。神经网络发展有下面几次高峰期,在 20 世纪 50 年代和 80 年代的两个高峰期结束后,神经网络技术都没有得到广泛推广,还停留在科研阶段。只有在 21 世纪 10 年代后才得到广泛应用:

- 20 世纪 50 年代,神经网络发展的第一次高峰——感知机模型(Perceptron)的发明。
- 20 世纪 80 年代,神经网络发展的第二次高峰——BP 神经网络(Back-Propagation Neural Network)的发明。

- 21 世纪 10 年代，神经网络发展的第三次高峰——卷积神经网络（Convolutional Neural Network）的普及。

实际上，卷积神经网络在 20 世纪就被发明出来，为什么直到 21 世纪 10 年代才得到广泛推广？这是因为神经网络需要大量的运算资源，而在 21 世纪 10 年代这个时间点，比 CPU 算力更强的 GPU 芯片在神经网络研究中得到推广，能够更好地发挥神经网络学习大数据的优势，因此迎来了爆发式的增长。

神经网络的发展对我们的启示是，一项新技术从研发出来到取得市场成功，需要依赖其他周边支持系统的发展。我们在判断是不是做一个项目的合适时机时不能只看这个项目的前景，还应该判断其他周边的条件是否成熟，这个项目的其他限制瓶颈在什么地方。

4.3.1 判断行业的发展阶段

了解完时间对行业发展的重要性之后，我们还应该系统性地了解行业的发展阶段。 例如看哪些行业是夕阳行业，哪些行业是朝阳行业。朝阳行业指的就是刚刚兴起、正在发展阶段的行业。

一方面，你可以提高自己的判断力，通过数据、研究和访谈来判断行业的前景。例如 2013 年被称为中国移动互联网元年,在那之前的几年,移动互联网用户数量急速增长,但是很多手机类服务还没有发展完善,有很多的增长潜力。对于行业研究,有一些具体的例子,例如 Wealthfront 公司每年会发布一个成长期公司的列表(Career-Launching Companies List),ARK 投资公司会发布年度创新报告(Big Ideas)介绍有前景的颠覆式创新方向。

另一方面,你也可以多了解已经有一定创业成功经验的人才在关注什么新的方向和机会,通过了解顶尖人才的路径,看一下行业发展的前景。

当然,除了考虑行业的前景,你也需要考虑自己的兴趣,将两者相结合,才能更好地找到自己的发展路径。

4.3.2 抓住合适的时机

当你找到适合自己的高速发展行业之后,下一步应该学会抓住合适的发展时机。有很多判断发展时机的工具,例如技术采用生命周期、Gartner 的新兴技术成熟度曲线。下面就介绍一种常见的工具——技术采用生命周期。

技术采用生命周期理论由 Iowa State College 提出,在 Everett Rogers 出版《创新的扩散》(*Diffusion of Innovations*)一书后获得广泛认可。这个理论主要把技术发展的生命周期分成图 4-4 中的五个阶段:创新者、早期采用者、早期大众、晚期大众、落后者。这五个阶段对应着五类特征:

- 创新者：技术爱好者。
- 早期采用者：梦想家。
- 早期大众：实用主义者。
- 晚期大众：保守派。
- 落后者：怀疑论者。

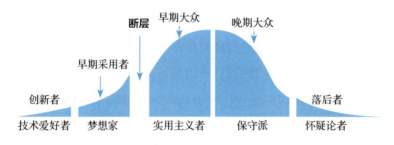

图 4-4　技术采用生命周期

新技术由技术爱好者早期开发出来，之后会有一些早期采用者，他们往往是一些梦想家和意见领袖（如埃隆·马斯克），愿意尝试新的技术。从早期采用者推广到早期大众是最大的挑战，这里需要让大众接受新的科技，并且也需要将新科技打磨成熟，达到广泛推广的级别。在早期大众接受新技术后，再将其推广到晚期大众和落后者。

很多时候，我们在媒体上看到的信息和技术真正所处的生命周期是不同的，我们需要收集事实去考证。媒体上对于技术的宣传有泡沫和炒作。例如，2016 年很多媒体都预测到

2020年无人车能够商业化，普通人能够坐上无人车。但是实际上在2020年，无人车还是处于技术研发阶段，存在很多技术难关，需要五到十年时间才能攻克这些技术难关。

媒体上对于技术的宣传含有泡沫和炒作也有合理之处，科技研发需要很多资源，一定的炒作能够促进更多的资源流动到相关的科技研发中。但是对于我们个人来说，判断技术真正所处的生命周期，需要梳理相关技术的发展瓶颈，确定具体是在早期采用者阶段还是早期大众阶段，然后找到适合自己切入的时间点。

4.4　建立有效的人际网络

要在行业有一定的影响力，需要建立一些重要的人际网络。这里提到建立人际网络，不是让大家去参加各种大会加专家的联系方式，而是说要和更多靠谱的人建立合作关系，成功开展一些项目，通过这些项目建立信任，然后去完成更大的项目。

为什么参加各种大会加专家联系方式的用处有限？对于科技圈的人来说，互换联系方式是一件很平常的事情，有联系方式并不代表会在做相关项目时和你互相支持。根据马太效应，大家会倾向于去支持已经成功的人，而不是支持没有成功的人。

这个和打游戏类似，如果你目前的"人生游戏"级别是 10 级的话，你可以找更多靠谱的 10 级的朋友一起练习升级，升到 11 级之后再去完成下一个任务。例如，当你发现有一些同伴特别擅长在某一领域创新，而你刚巧能够帮助这个创新更好落地，你们就可以合作建立一个小团队。

为什么没有必要花费过多精力和 999 级的人建立人际网络？因为影响力不对等，在一个项目上大家付出的精力往往是不对等的。你可以适当关注一些行业领袖的建议和看法，但是真正执行和开展项目时还是应该和靠谱的同伴一起合作。当然，这里主要想说的是没有必要花费"过多精力"，如果是花费适当的时间向比你资深和优秀的人请教，还是值得的。

4.4.1 和靠谱的人合作

建立有效人际网络的第一步是和靠谱的人合作，有具体的产出，在合作中磨合并建立信任。 在硅谷有很多这样的重要的小团队，他们曾经一起创业，建立了很强的信任度，后来能够互帮互助在行业内建立更大的影响力。其中，典型的例子是 PayPal 创业帮，在 PayPal 公司的早期团队中诞生了一批知名的创业者和风险投资家，如图 4-5 中列举出来的，其中包括特斯拉公司创始人埃隆·马斯克、Palantir 公司联合创始人 Peter Thiel、领英联合创始人 Reid Hoffman 等。

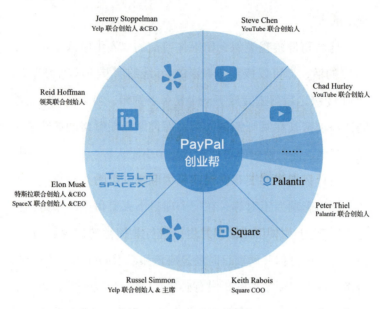

图 4-5　PayPal 创业帮

为什么这样的小团队能够互相支持,对行业有更大影响?一方面,从制度分析理论来看,一些精英合作可以取得做某件事的"正当性"[5]。举例来说,一些专家可以合作成立人工智能协会,组织行业活动,这个新的协会能够对行业产生更大的影响力。另一方面,小团队里面的人本身有一些影响力,他们互相背书,能够影响更多的人。

4.4.2　找到自己的影响力方法

建立有效人际网络的第二步是找到自己的影响力方法。

大家经常在讨论影响力,那么影响力到底来源于哪里?根据社会心理学家约翰·弗伦奇(John French)和伯特伦·雷文(Bertram Raven)的观点,权力的来源包括六种:法定权、强制权、奖励权、专家权、威望权和信息权。Mike Clayton 基于互联网行业的实际情况,将权力的来源分成图 4-6 中的两大类别:职位权力和个人影响力。

图 4-6　权力的来源

什么是职位权力?职位权力是一个人所在的职位带来的。例如"老板"这个职位会有一定的法定权,能够做一些关键决策,还会有奖励权,能够给表现好的员工发奖金,同时也有强制权，对表现不好的员工扣工资。除此之外，它还可以调配一些关键的资源（如人力和预算）。

什么是个人影响力？个人影响力是一个人的个人魅力。例如，有的人很有领导力，经常能够带领团队走出困境，那他就具有威望权，大家都支持他；有的人在某个领域有很多专业知识，那他就具有专家权，能够在关键的议题上给出有洞见的看法；有的人的信息收集能力很强，能够耳听六路、眼观八方，经常有最新的消息，那他也会有独特的信息权；还有的人社交能力强，能够把不同背景的人链接在一起，那他也会具有独特的影响力（人际关系网能力）。

我在第 2 章中提到目前科技行业的纯管理岗位数量下降现象，但是这并不代表对于管理人员的要求下降。恰恰相反，我们观察到虽然对于管理人员的职位权力在削弱，但是对于管理人员的个人影响力要求大大提升。在新的时代，管理人员需要更多用个人魅力去带领团队取得成功，利用自己的分析能力和洞见让团队信服。

这对于我们的启示是什么？我们应该更加关注提高自己的个人影响力，也就是离开了当前的职位还能够带走的影响力。我们可以观察到，在组织内有一些人虽然职位很高，但是"人走茶凉"，离开了职位，他的影响力就大大削弱，但还有一些人虽然没有很高的职位，但是别人在做规划时非常愿意倾听他们的建议，能够影响一些关键决策。

4.5 职业上的战略性决策

在本章前面的几个小节中,我们主要讨论行业发展中的一些规律。下面我们来聊一下具体对于个人来说有什么可以执行的职业上的战略性决策。

什么是职业上的战略性决策?战略性决策指的是跳槽、换行业、换岗位这些对自己的职业有较大影响的决策。对于这样的战略性决策,你可以考虑每三年左右重新衡量所处的环境和机遇,结合自己的长期目标进行调整。

要做好这样的战略性决策,你需要从下面三点出发:**勇于尝试新的机会、盘点自己的资本、制订允许冗余的计划**。

4.5.1 勇于尝试新的机会

一个人能在某个行业长期发展,需要立足于一定的专长和热情,然后要为长期职业目标努力。有很多人会在同一家公司或同一个岗位工作很长时间,即使边际收益已经趋近于零。

为什么大家会在边际收益为零时不愿意尝试新的地方?尝试新的地方需要更换交际圈和合作伙伴,也需要学习新的技能,这意味着风险。

但是,愿意去尝试新的机会是实现职业战略性发展的重要特质。愿意尝试新的地方包括:愿意去不同的国家、不同的组织,承担不同的角色。在当前职位的成长性降低的时候,移动能够给人一些新的锻炼机会，提高自己应对不同挑战的能力。

除了愿意尝试新的机会之外，你也可以通过加强个人品牌知名度来增加自己的选择。如通过获奖、媒体报道、开源社区等方式讲述自己的故事。例如，著名人工智能科学家贾扬清在脸书公司和阿里巴巴公司的职业发展都很快，不只是因为业绩突出，也是因为他在开源社区有很大影响力，在博士期间创立并开源了知名深度学习框架 Caffe。

图 4-7 对这个战略性规划进行了总结。也就是你需要有专长，有目标，同时愿意移动并且加强个人品牌知名度。通过这样的方法，你可以尝试一些更高的目标或者进行转型。

图 4-7　职业的战略性规划

4.5.2　盘点自己的资本

除了愿意尝试新的机会之外，你也应该盘点自己的资本，

找到适合自己的机会。 在罗纳德·伯特的结构洞理论中，还将一个人的资本分成三类：金融资本、社会资本、人力资本。图 4-8 中对每种资本的具体例子进行了补充。

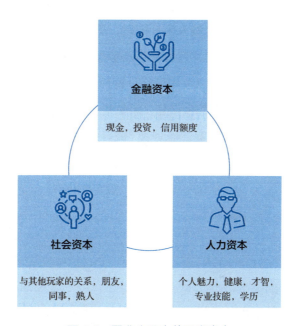

图 4-8　职业生涯中的三类资本

在你对自己的资本进行盘点之后，可以对当前你所在的人才市场进行盘点，找到一些自己有竞争优势的机会。

4.5.3　制订允许冗余的计划：避免单点失败

我们在做具体的规划时，应该设计一些冗余，避免单点

失败。也就是准备好 B 计划，不把鸡蛋放在一个篮子里。

什么叫作设计一些冗余？我们在做技术系统设计时，需要给数据添加备份，防止在极端情况下因为一个单点的失败而导致丢失整个数据的情况。

类似地，我们在做人生计划时，若计划的整体成功只依赖于一个节点的成功，那么在这个节点失败的情况下就全盘失败了。你可以如图 4-9 中所示，设计大方向相同的目标 A、B、C，然后设计不同的方案。即使某个方案和目标失败了，你也有补充目标和方案，帮助你完成最终的目标。

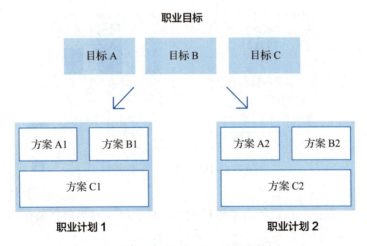

图 4-9　避免职业生涯单点失败

具体来说，如果想成为人工智能的技术专家，你可以选择写开源工具、发会议文章、有成功工业项目上线这些小目标。

这些小目标之间可以相辅相成，互相促进你完成更大的目标。

4.6 制订你的计划

除了上面的分析，下面会分享两个具体的例子，帮助大家制订职业发展规划。

4.6.1 案例1：工程师转型工程经理

第一个例子来自 Airbnb 公司的高级工程经理韩吉鹏，他在谷歌公司工作了四年成为高级工程师，然后在 Aribnb 公司晋升为一线经理再到高级经理。

- 第一阶段：在谷歌公司由初级工程师转变为高级工程师。
  - 2013 年是谷歌公司用机器学习做风控的初期，他在这个过程中得到很多从 0 到 1 的锻炼机会，对于这个领域有丰富的实践经验。
- 第二阶段：跳槽到 Airbnb 公司，从技术骨干转型为一线工程经理。
  - 他把在谷歌公司学到的方法论应用到 Airbnb 公司。在这个时间节点，Airbnb 公司刚刚开始建设风控团队，他有很多独当一面的锻炼机会，完成了从技术骨干到工程经理的转型。
- 第三阶段：在 Airbnb 公司由一线经理转型为高级经理。
  - 他在风控领域积累了经验并且证明了自己的领导力后，开始带领更多团队。他之前是带支付相关的风控团队，后来开始带账户安全和内容安全的团队。

在采访的过程中，他谈到之前在谷歌公司从 0 到 1 开展风控项目的经验，让他对这个领域有了更深的认识，对他之后的职业发展有很大影响。

在他的第一阶段中，他的关键决策是选择了正确的方向和时机。

- 选择方向很重要：他认为在一些行业和技术的交叉领域会诞生新的机会，因此选择了风控这个交叉领域的方向。另外，他认为有一些人能够在细分领域做到前 1%，但是他不是这样类型的人。他认为他更适合在两个行业分别做到 20%，然后在交叉领域能够做到 1%。
- 把握时机很重要：2010 年以前，风控行业都是用规则模型来解决的。2010 年以后，大家才开始用机器学习来解决风控问题。到 2013 年左右，这个领域还有很多新的创新机会。例如，2014 年只有谷歌公司在用机器学习解决风控问题，Visa 公司、MasterCard 公司以及传统银行都在用规则模型。等到 2016 年的时候，这个转变基本完成了，行业基本都在用机器学习模型。

在他的第二阶段中，他跳槽的决策过程有下面的心得。他当时跳槽有两个选择：一个是 Airbnb 公司，在不熟悉的环境做熟悉的事情——风控；另一个是中国某出海互联网金融公司，做南美业务区的负责人，这个业务的主要挑战是市场营销而不是技术，要在不熟悉的环境做不熟悉的事情。他最终选择了 Airbnb 公司，因为他认为在跳槽的关键决策中，要么是在不熟悉的环境做熟悉的事情，要么是在熟悉的环境做不熟悉的事情，而不应该选择在不熟悉的环境做不熟悉的事情。

4.6.2 案例 2：产品经理转型风险投资合伙人

第二个例子来自风险投资人 SC Moatt，她有十五年以上工作经验，成功从产品经理转型为创业者，然后再从创业者转型为风险投资人。她的职业发展分为下面几个阶段：

- 第一阶段：产品负责人。
    - 她在诺基亚实验室担任产品负责人。
- 第二阶段：创业者，把创业公司卖给脸书公司。
    - 她创立了社交产品 NameRendez-Vous Labs，吸引了 20 多万用户，积累了创业经验。她最后把自己的公司卖给脸书公司。

- 第三阶段：建立产品经理社区，转型为风险投资人。
  - 她建立了 Products that Count 社区，连接 30 多万个产品经理。
  - 在 Opera 公司担任董事会成员，积累董事会管理经验。
  - 之后创建了 Mighty Capital 风险投资公司。

从她的经历中我们可以看出，她先通过产品和创业经历证明了自己，然后建立了一个连接更多产品经理的网络，创造了更多的价值。她同时进行了创建社区、担任董事会成员等任务，从多线帮助提升最后做风险投资人的竞争优势，并最终在 2017 年成功创立了自己的基金。

她谈到自己最大的转折点发生在诺基亚，在那里的工作经历让她认识到在大公司升职就是完成一个很长的任务清单，在上面一个个打钩，而对她来说更重要的是"世界有什么因她而不同"，因此她决定从大公司出来创业，从那个时刻开始，她只做自己认为只有她能实现的给世界带来与众不同价值的事情。

4.7 本章行动清单

1. 找到一个小伙伴，按照 4.2 节提到的提纲，想象在十年后你已经完成了你的职业目标,互相进行采访。

2. 找出行业龙头,并比较目前公司和行业龙头的差距。

3. 列出行业内最新、最热的创业公司在做的创新。

4. 列出三个你的长期职业生涯伙伴,并跟他们相约定期交流。如果找不到,那么列出三个你想要发展成长期合作的伙伴,并加强跟他们的关系。

5. 你的长期目标是什么,你现在做的事情对长期目标有多大的帮助?

第 5 章

面向未来

迎接新时代的不确定性

CHAPTER
第 5 章

时代变化很快,我们需要不断主动了解世界,同时保持初心,才能更好地迎接新时代的不确定性。

现在生产信息的效率越来越高,对于我们个人处理信息去粗取精的要求更高。同时,信息交换的方式也有很大变化。我在 2006 年上初中时曾经在论坛上做版主,大家在论坛上找有共同兴趣的小伙伴,论坛上投放内容主要靠人工审核和加精华排序。而随着 2010 年微博兴起,2012 年微信公众号上线,到后来短视频等形式的流行,各种新的内容形式层出不穷。

工作岗位和形式也在不断更迭。例如,随着科技的发展,检票员这样的工作岗位就被机器取代了。同时,又有新的岗位被创造出来,例如人工智能工程师的岗位就是在 2010 年之后才开始兴起。而在 2020 年新冠肺炎疫情之后大家更加适应了远程工作这一形式。

我们也有理由相信,未来的科技会不断发展,新的工作岗位和形式会不断出现。那么如何在不确定性中占据主动，不断地迎接新的挑战呢？

本章就会介绍如何在不确定性中找到一些不变的规律，不断地拓宽自己的边界，创造长期价值。

5.1 未来工作面临的新挑战

首先，我们来看一下未来工作会面临的三大挑战。**第一，随着科技的发展，新型职位不断出现；第二，随着信息传播效率的提高，员工能够接触到更多公司新闻，新闻也会影响工作选择；第三，新冠肺炎疫情让更多人适应在家办公，远程工作成为新常态，对工作形式有深远影响。**

5.1.1 新型职位不断出现

随着互联网普及和人工智能技术的发展，很多工作岗位被机器取代，比如，银行柜员被自动柜员机甚至移动支付取代，翻译人员被机器翻译取代，客服人员被智能客服取代。

当然也有很多新的工作岗位被创造出来，比如帮助机器学习训练的数据标注员、短视频平台主播、外卖派送员等。

在几十年前，很多人能够在一个岗位上做二十年，但是在今天，很多岗位可能过了十年之后就会消失。

这对我们有什么启示呢？我们应该不断了解新的行业趋势，主动了解人才市场的供需，同时学习新的有市场需求的技能，适应行业和工作的发展。

5.1.2 新闻影响工作选择

新闻信息会影响人的工作选择，例如跳槽、选择项目等重要职业规划。随着信息传媒的发展，很多时候你会在媒体上看到对公司或好或坏的消息，甚至你的朋友会在看到类似新闻后问你的看法。有的人会因为公司的消息产生很大的情绪波动，公司股价上升就会非常开心，公司有难关就会非常难过，有时甚至会根据失真的信息做出跳槽等职业选择。

对公司新闻保持冷静非常重要。一方面，很多时候新闻媒体为了吸引眼球，会夸大一些事情，另一方面，外界对于公司的判断，信息量可能并没有你多，你需要多收集一手信息，判断团队和项目的发展。

如何面对这样的信息过载情况？管理顾问帕特里夏·塞曼分享了一个经验，要保持洞察力和平衡性的最好方式是时不时待在一个和自己的职位无关的社交圈里[12]。你可以在工作之余多和一些与自己职业不相关的老朋友联系，加入一些与职业不相关的兴趣小组，保持自己的活力和敏锐度。

5.1.3 远程工作成为新常态

2020年开始的新冠肺炎疫情对大家的工作方式产生了深远的影响。全球为适应疫情防控而广泛采取的居家办公模式，证明了大规模远程工作的可行性。

远程工作能够提供效率，这件事情很久之前在学术上就有证明。2013 年，携程联合创始人梁建章在与美国斯坦福大学商学院 Nicholas Bloom 等专家合作发表的论文[13]中讲了携程公司员工在家工作的实验，这个实验把电话客服中心的员工随机分成两组，分别在家和在办公室工作 9 个月。实验结果表明在家工作能够提高员工 13% 的工作效率。

但是，这样的研究结果仍难以有效推进在家工作政策的落地。在疫情面前，大部分公司还是倾向于选择在办公室本地进行招聘，而不愿意选择其他城市的候选人。

由于疫情的发展，很多公司不得不选择支持远程工作，在这种政策之下，大家开始适应远程工作。很多公司开始宣布支持永久远程工作，例如 Square 公司、脸书公司等。还有一些重要会议开始远程举办，比如苹果全球开发者大会（WWDC）、国际消费类电子产品展览会（CES）等。

远程工作的推广带来了一定的好处。很多人才有了更多的灵活性，以前他们不得不为了工作机会而忍受大城市的高房价，远程工作后他们可以选择搬到生活更轻松的小镇。

远程工作的推广也带来了一定的挑战。一方面，之前的人才只要和本地人才竞争，但是现在硅谷的工程师也需要和欧洲、美国中部等地方的工程师竞争。另一方面，有很多风险投资人习惯依赖面对面交谈来做决策，但是疫情完全减少了面对面交谈的机会，让大家不得不开始在视频聊天的基础上做出投资决策。

我认为，疫情会让更多的非创新型的工作机会离开硅谷，但是创新型的工作机会还是会留在硅谷。2020年疫情期间，硅谷还是在美国的风险投资中领跑。根据PitchBook-NVCA Venture Monitor的报告，有20%的融资活动还是发生在硅谷，40%的融资估值在硅谷，远远领先于纽约、波士顿等城市。

5.2 面对不确定性的方法论

5.2.1 找到确定的东西

虽然世界变化很快，但是在不确定中我们依然可以找出一些确定的东西。 例如，单位经济效益对于共享经济公司非常重要。什么是单位经济效益？单位经济效益指的是商业模型中体现收入和成本关系的最小计算单位。在共享经济的语境下，"一份外卖派送""一个出行订单""一个共享工位"都可以是这个最小计算单位。对于传统的互联网企业（例如微博）来说，用户翻十倍，成本增加的主要是机器和带宽，成本增加还是可控的。但是对于共享经济来说，如果单位经济效益没做好，可能用户订单量翻十倍，送外卖的成本也翻了十倍，增长越多赔得越多。因此，优化单位经济效益对于共享经济就是生死存亡的事情。如果没有优化好单位经济效益，就可能会步共享办公公司Wework、瑞幸咖啡公司的后尘，早期增长喜人，后期烧钱赔本不可持续。

如何找到这些确定的东西？你可以平时多思考一个观察和现象背后的假设是什么。这其实是一种演绎法思维。

再回到上面"单位经济效益"的例子。我们得出"单位经济效益对于共享经济公司很重要"的结论，其实是基于下面的论证过程：

- 大前提：对于一家公司来说，能不能可持续发展，最终盈利非常重要。
- 小前提：共享经济模式的公司和传统互联网公司的区别是共享经济公司会共享一些实体（如车、房子等），这些实体每多服务一个人，就可能会增加一份高额成本，因此单位经济效益对于共享经济公司盈利非常重要。
- 结论：单位经济效益对于共享经济公司很重要。

相应地，我们在其他的结论中也可以倒推这个结论的大前提是什么，然后思考这些大前提是否会变化。基于这些确定的大前提，我们可以更好地规划自己的人生。

5.2.2 找到适合自己的环境和文化

一方面，你可以多了解不同地方的文化，选择合适自己的文化。 每个城市的文化都是不同的。硅谷的文化就非常特别。这里崇尚创新，认为快速迭代是一件好事。

另一方面，要适应环境也可以从认识更本质的自己开始。 例如，有一些人认为自己的英语发音不好，就不愿意发言，实际上很多时候英语发音不好就类似于你说中文有方言口音，只要别人能听懂，其实没有什么要紧。大家更关注的是你的发言质量和深度，即使说得结结巴巴，只要有洞见，大家就会欣赏。

5.2.3 不断创新，及时止损

人是天生厌恶损失的。这体现在不愿意尝试新机会，因为尝试就有可能损失已有的资本，或者尝试了错的方向之后不愿意放弃，因为有一些"沉默成本"。

你可以多尝试新机会，尝试可以拓宽自己能力范围边界的事情，尝试与不同的人合作。

尝试新机会也是有方法论的。你不能只在边上围观，你需要付出一些金钱或者精力的代价。为什么呢？因为没有付出代价，学到的只能是皮毛。

及时止损也非常重要。例如，如果你的一些项目确实证明没有产品和市场匹配度，你也应该及时止损，转换方向。

5.2.4　斜杠青年：天使投资是一种生活方式

在硅谷还有一种流行的面对不确定性的方法，很多人在有了一定积蓄之后（例如公司成功上市后）开始选择天使投资。这样一方面可以了解目前最新的科技和创业项目，另一方面也能够通过投资回报来验证自己对于一些行业的判断力。

很多硅谷成功上市公司的前员工都组成了联合投资小组（Syndicates），一起投资初创公司。硅谷成功IPO上市后的Uber、Pinterest、Lyft等公司的一些员工就在AngelList网站上分别成立了投资小组。这些公司的联合投资小组往往由公司的早期员工牵头组建，例如Uber前员工联合投资小组由Uber的前50号员工Josh Mohrer和William Barnes等人组建，Pinterest前员工联合投资小组由Pinterest的前产品经理Ali Altaf组建。这些小组往往能够优先投进自己公司前员工创业的公司。

除了联合投资小组的形式，还有很多人以个人名义投给初创公司。他们往往会投给身边比较信任的朋友，在他们的产品还没有上线前就投"种子前"轮次（Pre-seed）。在这个过程中，个人可以一线见证整个创业的过程，除了财务帮助，还会提供各种专业的建议。

这在硅谷也是一个良性循环,大家把公司上市后得到的钱再投给新的创业公司,能够鼓励创新,促进一批新公司的成长。

5.3 创造长期价值,建立个人品牌

5.3.1 定义你的人生使命

在我们的生活中用世俗指标去衡量自己是一条非常省事和简单的方法,比如头衔、职级、薪酬、资产等。但是,我认为用世俗指标去衡量自己生命的意义纯粹是偷懒,也会让人的动力和情绪受到"世俗指标大盘"的影响,容易产生焦虑情绪从而丧失动力。在"世俗指标大盘"猛跌的情况下,你会因为自己外在指标的降低而觉得自己没价值。

那有没有人在外在条件巨变的情况下还能够找到自己的人生使命,活出自己的意义呢?《活出生命的意义》这本书的作者著名心理学家弗兰克尔是 20 世纪的一个奇人,他是犹太人,纳粹时期全家都被关进了奥斯维辛集中营,他不但活了下来,更开创了心理学的意义疗法。他一生对生命充满热情,67 岁开始学驾驶飞机,80 岁还登上了阿尔卑斯山。

弗兰克尔提到有三种实现意义的方法:创造、体验、改

变面对苦难的态度。具体方法是：

- 通过创立某项工作或从事某种事业。
- 通过体验某种事情或面对某个人。比如，体验真善美、自然和文化，或者帮助别人开发潜能和实现梦想。
- 在忍受不可避免的苦难时采取某种态度。

通过提高创造、感知意义的能力，才能形成自己生活的意义。

对于我们个人来说，你可以具体回忆和展望一下：

- 在科技行业，创造什么样的东西能让你感到有意义？
- 在科技行业，什么样的体验会让你认为有意义？例如参加编程马拉松、教别人新技能。
- 在科技行业，有什么样的不同视角能够帮助你更好地面对挫折，从失败中学到积极的事情？

通过这样的方式，你可以整理出你在这个行业的相应使命：

- 你想要这个行业发生什么样的改变？
- 你想要在什么样的融资阶段、细分行业等特征的公司发挥能力？
- 你希望可以为公司带来什么额外的价值？

定义完自己的人生使命后，你可以根据自己的使命，创造相应的长期价值。

5.3.2 如何推广自己的个人品牌

假如你已经在某个领域创造了独特的价值,你可以开始推广自己的个人品牌。推广个人品牌可以采用如图 5-1 所示的三种策略:打猎、垂钓、耕种。

- 打猎:这是指作为听众参加行业会议、线下活动等。这个策略的效率较低。
- 垂钓:这是指主动找机会展示自己的过往成绩,吸引别人来关注你的个人品牌。例如优化领英主页、在相关会议发表演讲,让更多人了解你的故事。
- 耕种:这是指专注于发明创造,在相关领域耕耘,创造长期价值。这个需要投入长期时间,也能创造更大的价值。

图 5-1 建立个人品牌的三种策略

这里建议大家花最多的精力在耕种上面，例如深入研究某一个细分领域，产出自己独特的观点或发明，开发开源软件。在创造有长期影响力的价值后，你可以和其他相关组织建立合作关系。

5.3.3　成功个人品牌的案例

这里还有很多硅谷人士成功创立个人品牌的案例。硅谷很多人都会写博客，把自己的经历和感悟写到博客中，然后帮助更多人。具体的例子有硅谷风险投资界的传奇机构 Andreessen Horowitz 中的多位合伙人，如 Ben Horowitz、Marc Andreessen、Andrew Chen 在做风险投资前，个人博客都已经非常出名，他们以一些独到的洞见吸引了大量的读者。同时，他们通过不断地输出（也就是"耕种"）扩大了朋友圈，也帮助了自己转型成为投资人。

其中，Paul Graham 的例子最具有代表性。他是程序员出身，后来创办了 Viaweb 公司，该公司在 1998 年被雅虎公司收购。在实现财务自由后，他从 2001 年开始在 paulgraham.com 网站上写博客，后来每年有 1500 万人浏览，他的文章也被编成畅销书《黑客与画家》，这本书已成为程序员必读书籍。

他在积累了一定知名度之后，联合创办了知名的孵化器 Y Combinator，投资了超过 2000 家创业公司，其中包括很多知名公司，例如 Airbnb、Dropbox、Stripe、Doordash 等。加入 Y Combinator 孵化器也成为很多创业人梦寐以求的事。

从 Paul Graham 的例子中,我们可以看到很多硅谷人士类似的路径。先创业成功或创造出一些有口碑的产品,再基于这样的核心经历,写博客分享自己的个人经验,同时开始投资建立更大的网络,然后滚雪球式地创造更大的价值。

5.4 本章行动清单

1. 你们公司的 CEO/CTO 都是什么背景?了解他们的经历和发展路径。

2. 读你们公司最近的财报或者内部数据,预测公司未来业务的成长和发展方向。

3. 建立一个塑造自己品牌的习惯,比如写博客、公众号,发表演讲,参与开源项目,加入感兴趣的社群等。

·附录　专家推荐语·

以收到推荐语的时间先后排序。

如果我在刚参加工作的时候就认识新茜并进而读到这本书,我想我的很多职业选择就会不一样。我经历过跳槽、做项目、换组、升职的迷茫和探索,也走过不少弯路,因而深深地体会到这本书的价值。新茜在这本书里把她对于职场的深入观察倾囊相授,从公司到个人,从团队到行业,满满的干货,这些对于还在职业生涯初期的互联网人绝对是一盏明灯。

——卢佳斌,Amplitude 公司工程师,
曾任 Apple 公司工程师

在个人几十年的职业生涯中有位导师指点,将帮助你大大缩短成功的路径。而这本书就是一个很好的"导师",书中凝结了许多经过他人实践的方法论,全面阐述了和职业发展相关的几个因素。本书不仅可以帮助职场新人快速上手,对职场老鸟也会有深刻启发。

——赵文豪,新加坡 Sea 集团产品经理

附录　专家推荐语

新茜的新书仿佛是一位学姐将其在硅谷科技公司工作几年的心得体会和思索领悟，结合一个个实实在在的情境案例，对读者循循善诱，娓娓道来。不论对于即将踏入职场的学生，还是进入职场几年的科技公司底层和中层职员，此书都可谓良师益友。我在阅读期间产生了诸多共鸣，也得到了良多启发。尤其是关于寻找机会获得最有效的个人成长相关的内容，可以让人于工作之余跳脱出眼前的一亩三分地，放眼整个职业生涯和整个科技行业的发展机会。在此，向各位读者真诚推荐这本"硅谷成长攻略"，希望它可以陪伴并帮助你职业生涯的选择和初级阶段的成长，并祝你在常读常新的过程中收获最大的助力。

——赵贺，普华永道金融分析经理

我非常感激在我从事第一份全职工作的时候就读到这本书。这本书既可以是花费一个周末下午就能读完的方法论小册子，也可以是每隔一段时间就拿出来用以自省常读常新的检查清单。我从中学到了不少立竿见影、亲测有效的职场策略，也收获了很多思维方式上的改变并且正在长期受益。

——杨骥琦，前 Uber 公司工程师

转眼从 2016 年来美读书并认识新茜已经 5 年多了。从学生时代的学神到工作后的飞速晋升，她一直是令人敬佩的存在。难能可贵的是，新茜是一个很乐于分享的人，她很擅长将她的想法思路和独到理解有效形成体系再传递给别人。每次和她交流都干货满满，收获很多。非常开心她这一次用书这种更容易传阅的方式把她的这些思维宝藏记录下来。从这本书开始构思到最后完稿，我反复读过多次，强烈推荐给那些在 IT 职场打拼的，那些想要了解硅谷文化的，那些在忙忙碌碌的职场中想要有一些不一样视角去进行自我提升的朋友们。

——刘吉松，Pinterest 公司工程师

本书用许多亲身经历和观察到的事例、统计数据，以轻快且严谨的逻辑，把职场发展中最重要、最难解的一些问题轻松破题了。每一章都可以独立成篇，连起来一口气读完，则是一部贴心指导你持续职业进阶、提高个人职业修养的手册。我和新茜是在清华领航计划认识的，她的很多价值观和方法论引起了很多人的共鸣。我想这本书对初入职场的人应该是必看的一本书，对有多年工作经验的人也会很有启发。

——邵旭辉，Tsingyuan Ventures 管理合伙人，
雅虎前工程副总裁

我认识新茜近 10 年时间，有幸一路观察新茜在人生选择和个人成长上的成功。新茜有着系统且坚实的底层逻辑，身在职场并不迷茫与从众，走出了一条独特的卓越发展之路。书中具体论述了新茜的思维框架，对于每一个走在人生十字

路口的年轻人而言，这些都非常值得参考与琢磨。

——郑毅，浅石创投&万物资本合伙人，
陌陌科技前运营副总裁

我和新茜相识于 Uber，我们都曾在 Uber 工作多年。她的影响力以及快速的事业发展让我印象深刻。这本书介绍了一系列了解行业、识别机遇、规划长远目标的方法论。书中许多翔实的案例都来自新茜的亲身观察。对于那些事业刚刚起步或者想要加速事业发展的读者，这本书都会是很棒的指导。

——Jeff Yuan，DoorDash 高级工程总监，
Uber 前工程总监

个人成长与职业发展是比单一具象的工作内容更为重要且长久的课题，值得反复思考。这本书以直观的思考和凝练的语言解读这一课题，有实践经历，有学界验证，更有新茜的内化总结和外化的行动策略，相信对科技企业的从业者和追求自我成长的朋友都将深有裨益。

——王璇，腾讯音乐商业分析总监

关注新茜是从她的公众号开始的，拿到新书样稿的时候，我就迫不及待地读了起来。这本书既有成长方法论，也有作者的感悟，以及硅谷科技公司对人才的要求等。不论你是职场新手，还是科技公司的中层，这本书都会对你的职场发展

有所帮助。我将这本书推荐给那些想要在职场上有一番作为的人，尽管未来仍然充满不确定性，努力使自己变得更好是一切的关键。

——老 K 先生，科技自媒体"技术领导力"创始人，某电商上市公司技术副总裁

这本书对新时代的年轻人非常有帮助，它可以帮助大家提高对于科技行业的洞察力，同时也能够帮助大家更好地规划自己的职业。从我个人的角度出发，我在工作之余也坚持撰写技术博客，开发和维护若干开源项目，这些经验也能够帮助我更深入地思考工作中遇到的问题，带来更好的产出。我的个人经历一方面也佐证了本书中"影响更多人，创造长期价值"的观点。我要将本书推荐给希望能够不断成长的科技领域从业人员，相信你也可以从中收获很大。

——沈伟臣，阿里巴巴工程师

读新茜新书的时候还是蛮感慨的。我自己从来没有在硅谷工作过，北美一毕业就回国进入大学教书，后来又作为一名创业者，实际上并没有传统意义上的职业工作经历，更多的视角则是怎么培养出优秀如新茜的学生，或者怎么能构建一个像书中所说的"高成长性"的环境从而吸引优秀的人才加入我们。好的公司和优秀的人才是相互吸引和相互成就的，书中所描述的关于如何选择高成长性的公司，如何探索个人

独特的发展路径,如何确定自己的长期人生目标从而更有效地规划自己的职业生涯,如何在不确定性中保持勇气,这些经验不只在硅谷有用,在类似我们数说故事这样的创业公司同样适用。其实读者在读这本书的时候,除了吸收书中这些好的经验,更可以思考的是为什么新茜可以站在这么高的视角来看待自身在硅谷工作获得的这些经验,并且能够体系化地把它分享出来,这也许是在这本书之外更值得学习的事情。

——徐亚波,数说故事(DATASTORY)创始人兼 CEO

北森是行业领先的 HR SaaS 平台,我作为创始人积累了很多人力资源管理的经验。在读到本书样稿后,我认为这是一本紧跟科技行业组织发展趋势,对科技人才职业发展有很大帮助的好书。如本书第 3 章所言,随着科技的发展,更多组织正从等级式架构变成扁平式架构。在这个大背景下,科技人才应该提高对于整体业务的理解,选择有成长空间的机会,这也是本书的重要主题之一。我在此推荐本书,相信本书可以帮助大家更好地面对职业发展中的不确定性。

——纪伟国,北森云计算创始人兼 CEO

· 参考文献 ·

[1] ANDREESSEN. Part 4: The only thing that matters [EB/OL]// The Pmarca Guide to Startups. (2007-06-25) [2020-10-31]. https://pmarchive.com/guide_to_startups_part4.html.

[2] CLEMENT J. Annual revenue of Google from 2002 to 2019 [R/OL]. (2020-02-05) [2020-10-31]. https://www.statista.com/statistics/266206/googles-annual-global-revenue/.

[3] HOFFMAN R. LinkedIn's Series B Pitch to Greylock [EB/OL]. (2004). [2020-10-31]. https://www.reidhoffman.org/linkedin-pitch-to-greylock/.

[4] 克里斯坦森. 创新者的窘境 [M]. 胡建桥, 译. 北京: 中信出版社, 2014.

[5] PFEFFER J, SALANCIK G. The External Control of Organizations: A Resource Dependence Perspective [M]. Stanford University Press, 2003.

[6] McKinsey Survey. The secrets of successful organizational

redesigns: McKinsey Global Survey results［R］. McKinsey & Company，2014 [2021-01-18].

［7］ PODOLNY J M，HANSEN M T. How Apple Is Organized for Innovation［J］. Harvard Business Review，2020 [2021-01-31]. https://hbr.org/2020/11/how-apple-is-organized-for-innovation..

［8］ 伯特. 结构洞：竞争的社会结构［M］. 任敏，李璐，林虹，译. 上海：上海人民出版社，格致出版社，2017.

［9］ VOSS C，RAZ T. Never Split the Difference: Negotiating As If Your Life Depended On It［M］. Harper Business，2016.

［10］ CHARLES A，PFEFFER J. Hidden Value: How Great Companies Achieve Extraordinary Results with Ordinary People［M］. Harvard Business Review Press，2000.

［11］ FLIGSTEIN N. The Intraorganizational Power Struggle: Rise of Finance Personnel to Top Leadership in Large Corporations，1919—1979［J］. American Sociological Review，1987，52（1）: 44-58.

［12］ PFEFFER J. Power: Why Some People Have It and Others Don't［M］. Harper Business，2010.

［13］ BLOOM N, et al. DOES WORKING FROM HOME WORK? EVIDENCE FROM A CHINESE EXPERIMENT［R］. National Bureau of Economic Research，2013.

推荐阅读

Java核心技术 卷II 高级特性（原书第11版）

作者：[美] 凯·S. 霍斯特曼（Cay S. Horstmann）著 ISBN：978-7-111-64343-2 定价：149.00元

Java领域影响力超群的著作之一，与《Java编程思想》齐名，10余年全球畅销不衰，广受好评；针对Java 11全面更新，系统讲解Java语言的核心概念、语法、重要特性和开发方法，包含大量案例，实践性强。

本书针对Java 11进行了修订，涵盖了完整的对高级UI特性、企业编程、网络、安全和Java强大的模块系统等内容的讨论。

书中对Java复杂的新特性进行了深入而全面的研究，展示了如何使用它们来构建具有专业品质的应用程序，作者所设计的经过全面完整测试的示例反映了当今的Java风格和最佳实践，这些示例设计精心，使其易于理解并且实践价值极高，从而使读者可以以这些示例为基础来编写自己的代码。

Java核心技术 卷II 高级特性（原书第12版）
敬请期待！